대중을 읽고 기획하는 힘

대중을 읽고 기획하는 힘

트렌드
2022
모니터

마크로밀 엠브레인
최인수·윤덕환·채선애·송으뜸·이진아 지음

시크릿하우스

2022
TREND
MONITOR

만족의 지연遲延, 미래를 위한 시간의 축적, 그리고 일상적 통제감의 확장

귀납적 경험에 의한 예측이 불가능한 시대, "
더 중요해지는 소비자의 태도

칠면조가 한 마리 있다. 주인이 매일 먹이를 가져다준다. 먹이를 줄 때마다 '친구'인 인간이라는 종種이 순전히 '나를 위해서' 먹이를 가져다주는 것이 '인생의 보편적 규칙'이라는 칠면조의 믿음은 확고해진다. 헌데 추수감사절을 앞둔 어느 수요일 오후, 예기치 않은 일(?)이 이 칠면조에게 닥친다. 칠면조는 믿음의 수정을 강요 받는다.[1]

  이 이야기는 《블랙 스완》의 작가 나심 니콜라스 탈레브의 유명한 비유다. 우리는 습관적으로 미래를 예측할 때 과거의 정보를 모아 귀납적으로 분석을 한다. 그래서 '친절한' 먹이를 정기적으로 받는 횟수가 늘어갈수록, 앞으로도 '안정적으로 먹이를 받을 것'이라는 귀납적 추론은 당연해진다. 여기서 나심 탈레브는 이런 선형적인 추론은 '평범의 왕국'에서는 가능할지 몰라도, 평균의 범위가 존재하지 않는 현대 사회와 같은 '극단의 왕국'에서는 맞지 않는 추론이라고 단언한다. 단 한 번의 극단적인 사례(블랙 스완)는 언제든 출현 가능하며, 이것은 인간의 예측 범위를 벗어나는 것이라고 주장한다.

2019년 12월, 갑자기 시작된 코로나19의 글로벌 팬데믹은 이 블랙 스완처럼 전 세계인들의 생활 양식을 송두리째 바꾸어놓고 있다. 사람들과의 만남과 외부 활동이 번거로워지고, 대면 중심의 업무 환경도 부자연스러워지고 있으며, 학교생활과 소비생활, 문화생활의 패턴이 조심스러워지고 있다. 가까운 미래의 조심스러운 전망도 방역 단계에 따라 춤을 춘다. 그래서 미래 전망의 무용론도 나온다. 그럼에도 불구하고 우리는 2022년 이후를 전망하려고 한다. 핵심적인 근거는 대중 소비자들의 태도attitude다. 대중적 선택이 중요한 민주주의 사회에서 대중의 선택을 받지 않는 기술, 상품, 서비스, 정책 등은 주목받는 미래의 아이템이 될 수 없기 때문이다.

2020년 초, 사람들은 정부의 적극적 방역을 칭찬하며 코로나19의 조기 종식을 꿈꿨다. 하지만 2021년을 마무리하려는 현재까지 코로나19의 끝은 요원하다. 심지어 수많은 전문가들은 코로나19의 종식은 아예 불가능하다고 얘기한다. 아무리 노력을 해도, 이 글로벌 팬데믹 상황은 종료되기가 어렵다고 한다. 그래서 상황을 바꿀 수 없다고 인식한 사람들은 자신의 '태도'를 바꾸려고 한다. 코로나19가

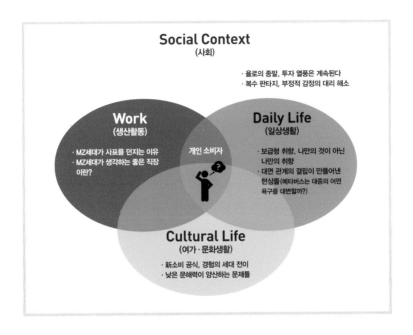

끝날 날을 막연히 기대하며 '위시 리스트'를 적는 대신, '짠테크'로 절약하고 다양한 방식으로 미래의 가치에 투자한다. 불확실한 미래를 준비하기 위해 현재의 만족을 지연遲延시키고 있는 것이다. 이와 동시에 내 주변 환경과 일상, 사회와 정책 이슈에까지 광범위하게 개입하면서 개인의 통제력을 확대하려 하고 있다. 대중은 파편화되어 있으면서도, 강력한 영향력을 원하는 '슈퍼 개인'이 되려고 하는 듯 보인다.

하지만 '답답한' 상황은 변하지 않는다(2021년 자주 경험하는 감정 1순위 – 답답하다, 8쪽 표 참고). 이 답답함은 자신의 감정을 표출할 탈출구를 찾고 있는 듯 보인다. 그래서 《2022 트렌드 모니터》는 이 '답답함이라는 감정을 풀어줄 통로'에 집중했다.

순위	2014(N=15,000)		2015(N=2,000)		2017(N=10,000)		2018(N=10,000)		2019(N=10,000)		2020(N=10,000)		2021(N=10,000)	
1	근심 걱정	42.9	근심 걱정	45.2	근심 걱정	46.6	귀찮다	44.2	근심 걱정	43.3	답답하다	44.7	답답하다	45.9
2	답답하다	42.8	답답하다	44.3	답답하다	45.2	답답하다	43.9	답답하다	41.3	근심 걱정	43.9	근심 걱정	44.7
3	귀찮다	38.2	귀찮다	41.3	귀찮다	41.4	근심 걱정	43.5	귀찮다	40.1	귀찮다	37.8	귀찮다	43.7
4	심란하다	37.5	심란하다	39.0	심란하다	39.2	심란하다	36.6	심란하다	35.9	심란하다	36.3	불안하다	37.7
5	불안하다	31.1	불안하다	34.9	불안하다	34.7	불안하다	34.1	불안하다	33.7	불안하다	36.0	심란하다	37.7
6	우울하다	29.6	우울하다	31.2	우울하다	31.6	지겹다	31.1	지겹다	28.3	지겹다	31.2	지겹다	33.9
7	행복하다	29.2	외롭다	29.5	지겹다	31.1	좋다	28.8	좋다	28.2	우울하다	28.1	우울하다	31.3
8	그립다	28.1	허무하다	29.4	그립다	28.4	행복하다	28.7	행복하다	28.1	행복하다	25.7	허무하다	27.6
9	지겹다	28.1	지겹다	28.5	행복하다	28.3	우울하다	28.0	우울하다	27.9	허무하다	24.2	행복하다	26.9
10	좋다	27.5	그립다	27.0	허무하다	28.2	그립다	27.3	그립다	26.9	그립다	23.9	속상하다	26.4
11	외롭다	27.4	행복하다	26.7	외롭다	28.1	재미있다	27.1	재미있다	26.4	편안하다	23.9	좋다	26.3
12	속상하다	26.8	속상하다	26.5	좋다	27.0	즐겁다	27.1	편안하다	25.8	좋다	23.2	그립다	25.9
13	허무하다	26.7	화나다	26.2	속상하다	27.0	허무하다	27.0	속상하다	25.8	속상하다	23.1	아쉽다	25.6
14	즐겁다	26.2	후회하다	26.2	재미있다	26.4	외롭다	26.1	그립다	25.8	아쉽다	23.1	외롭다	25.6
15	화나다	25.5	아쉽다	26.0	즐겁다	26.1	편안하다	26.1	아쉽다	24.7	초조하다	22.7	화나다	25.6
16	재미있다	25.3	좋다	25.9	화나다	26.1	속상하다	25.9	외롭다	24.5	외롭다	22.6	재미있다	25.5
17	아쉽다	25.2	재미있다	25.8	아쉽다	25.8	화나다	25.5	속상하다	24.4	화나다	22.3	초조하다	25.4
18	후회하다	24.6	초조하다	25.5	후회하다	25.8	후회하다	25.0	후회하다	23.9	불편하다	22.2	후회하다	25.1
19	사랑스럽다	24.3	즐겁다	25.4	초조하다	24.7	아쉽다	24.8	초조하다	23.8	즐겁다	22.0	편안하다	24.8
20	편안하다	24.0	편안하다	22.5	편안하다	24.2	초조하다	24.4	화나다	22.3	재미있다	22.0	즐겁다	24.1

2년째 누적되는 '답답함', 〞
돌파구는?

2021년에도 대중들이 가장 자주 접하는 감정은 '답답하다'였다.[2] 2020년과 마찬가지로 걱정거리는 많고, 불안하기도 하지만 예전처럼 외부 활동을 하지 못하는 것에 대한 감정이 그대로 담겨있었다. 대중 소비자들은 2년째 답답함을 축적하고 있었다.

대중 소비자들이 경험하는 욕구도 2020년과 유사한 패턴을 보이고 있었다(10쪽 표 참고). 다만 안전에 대한 불안감은 작년에 비해서도 더 줄어들었고(안전에 대한 욕구 571.12점(2020) → 560.34점(2021)),[3] 새로운 지식이나 사실을 알고자 하는 인지적 욕구는 2020년보다 더욱 높아졌다(인지적 욕구 603.58점(2020) → 607.87점(2021)). 코로나 2년 차에 접어든 대중 소비자들은 막연한 불안감은 줄이고, 앞으로 어떤 변화가 더 있을 것인가를 궁금해하는 것 같아 보였다.

[욜로의 종말, 투자 열풍은 계속된다] 편에서는 코로나 2년 차에 접어든 현재 대중 소비자들이 지금 당장의 감정적 만족을 지연시키고 미래 가치에 투자하고 있는 현상을 분석한다. 특히 MZ세대의 투자 열풍 현상의 이유와 원인에 대해 집중적으로 분석했다. (Keyword: 가상 화폐 투자, MZ세대 투자 열풍, 욜로의 종말, 벼락거지는 없다)

[복수 판타지, 부정적 감정의 대리 해소] 편에서는 최근에 다양한 형태로 표출되고 있는 부정적 감정의 대리 해소 현상에 대해 분석한다. 2020년에 이어 2021년에도 다양한 드라마 등에서 '복수극'이 흥행을 하고 있는 현상도 집중적으로 파헤친다. (Keyword: 약자의 선택, 감정 대리인, 복수 판타지)

[新소비 공식, 경험의 세대 전이] 편에서는 세대 간 경험과 놀이의 전이 현상에 대해 분

	2016년	2017년	2018년	2019년	2020년	2021년
자기 초월 욕구 (타인을 돕고 자기 자기 외부의 무엇과 연결되고자 하는 욕구)	495.84	514.98	504.34	**516.91**	**557.91**	**551.32**
자아실현 욕구 (자기 잠재력 발휘)	488.69	490.51	492.04	**497.55**	519.08	**522.72**
심미적 욕구 (질서, 아름다움, 균형 추구)	535.59	556.27	545.82	545.32	564.56	**564.09**
인지적 욕구 (알고 이해하고자 하는 욕구)	576.48	580.57	577.13	**584.12**	**603.58**	607.87
자존에 대한 욕구 (성취, 인정, 존경, 능력에 대한 욕구)	**652.91**	647.60	645.15	633.11	623.37	**619.69**
사회적 욕구(소속에 대한 욕구) (수용, 우정, 친밀감, 관계에 대한 욕구)	573.57	565.67	571.37	562.24	**556.20**	**553.87**
안전에 대한 욕구 (보안, 안정감, 건강, 리, 도, 일자리에 대한 욕구)	623.43	608.36	585.72	583.93	**571.12**	**560.34**
생리적 욕구 (공기, 음식, 물, 잠, 온기, 운동에 대한 욕구)	641.01	**651.94**	**658.10**	652.06	647.24	641.68

성장 욕구

결핍 욕구

성장 욕구
2021년 566.36
2020년 565.97

<

결핍 욕구
2021년 588.05
2020년 593.86

석한다. 이 현상은 세대 갈등의 이슈가 고착화되고 있는 한국 사회에서 코로나19 이후 가장 중요한 변화 양상 중 하나로 보인다. (Keyword: 부모 자녀 세대의 취미 공유, 세대 간 문화 재확산 현상, 가족 중심 소비 공유)

[문자 소통 시대, 낮은 문해력이 양산하는 문제들] 편에서는 코로나19 이후 문자 소통은 급증하는 데 반해, 긴 글이나 텍스트를 이해하지 못하는 사람들이 늘어나는 문제를 다루고 있다. 이 문제는 《2021 트렌드 모니터》에서 지적한 필터 버블의 문제를 더욱 가속화할 수도 있다. (Keyword: 문자 소통 시대, 학력 양극화, 소통 양극화, 낮은 문해력)

[MZ세대가 사표를 던지는 이유] 편에서는 코로나 시대 비대면 접촉 비즈니스가 급증하면서 기업이 신입사원을 줄이고 있는 상황을 지적하고, 어렵게 취업하고도 퇴사를 선택하는 MZ세대들이 많은 이유와 원인에 대해 분석한다. 이 분석은 현재 MZ세대의 멘탈리티를 이해하는 데에도 매우 유용하다. (Keyword: MZ세대 조기 퇴사, 시간 선택권, 통제감, 자기 계발 욕구)

[MZ세대가 생각하는 좋은 직장이란?] 편에서는 앞선 분석과 유사한 맥락에서 실제 조직 구성원들이 좋은 직장을 선택하는 이유의 분석을 통해, 보다 지속 가능한 조직 생활의 모습에 대해 분석하고 대안을 모색한다. (Keyword: 블라인드 앱, 자부심과 박탈감 그 사이, 직장 내 복지 제도의 영향력)

[보급형 취향, 나만의 것이 아닌 나만의 취향] 편에서는 개인의 취향이 중요해지고, 그 취향을 존중주어야 한다는 사회 분위기의 이면을 분석한다. 이 분석에 따르면 현대인들은 자신의 취향을 순전히 자신이 좋아하는 것으로 채우는 것이 아니라, '외부에 잘 보이기 위한' 하나의 표현 수단으로 자신의 취향을 선택하는 경향이 강했다. (Keyword: 구별 짓기, 주변인들에게 평가받는 취향들, 취향의 양면성, 포장된 취향)

[대면 관계의 결핍이 만들어낸 현상들] 편에서는 코로나19 2년차에 대면 접촉 빈도가 급격하게 줄어들면서 실제 인간관계에 대한 욕구 결핍이 늘어나는 현상을 다루고 있다. 현재 대중 소비자들은 '실제 사람'과의 접촉을 그리워한다. 이 챕터에서는 이런 인간관계 상호작용의 욕구의 대리 만족으로 나타난 현상의 하나로 메타버스 세계에 대한 관심 폭증을 다루고 있다. (Keyword: 판타지, SF 장르의 흥행, 메타버스는 대중의 어떤 욕구를 대변할까, 일상적 통제감)

사실상 코로나19의 종식은 어렵다는 전문가들의 견해가 공식화되고 있다.[4] 코로나19 이전으로 되돌아갈 수 있다는 대중의 막연한 기대감은 현실을 직시하는 태도로 전환되고 있는 것으로 보인다. 상황을 바꿀 수 없을 때, 사람들은 본능적으로 자신의 태도를 바꾸기 때문이다. 대중 소비자들은 막연한 기대감, 희망을 현실적으로 조정하고 있었다. 현재의 만족을 늦추고, 미래에 투자하고 있는 것이다.

이렇게 현재를 살아가는 대중 소비자들의 태도에 대한 분석을 토대로 이제 다시 13번째 한국 사회 대중들의 삶의 기록을 내어 놓는다. 코로나19 2년차에 접어든 대중 소비자들의 태도는 2020년과는 양상이 좀 다르다. 막연한 불안감과 기대감은 모두 낮아졌고, 이제 현실적으로 이 시간을 의미 있고, 슬기롭게 보내는 고민의 시기로 보내고 있는 것 같다. 다만 이번에 데이터를 분석하면서 이 집단적 성찰의 시대에 대한 약간의 불안감은 있었다. 서로의 의견이나 자신의 판단에 대한 균형점을 찾는 사고를 지향하기 보다, 개인은 점점 더 고립되어가고만 있기 때문이다. 스스로 균형을 찾으러 '일부러' 정보를 찾아보지 않는 이상, 디지털 정보 시대는 내 생각과 취향에 '확신'을 주는 정보만이 찾아오는 시대다. 실제 만남에서의 소통이 이루어지지 않는 상황에서 타인은 이미지로만 존재할 수 밖에 없고, 호오好惡의 판단은 그 상상 속에서 더욱 극단화될 수 밖에는 없다. 실제 사람 앞에서는 할 수 없는 예의에서 벗어난 표현이 난무하고, 과도한 애정은 집착이 될 수도 있다. 그래서 '타인의 삶'에 대한 이해를 지향하는 우리의 작업은 코로나19 시대에도 여전히 중요하다고 생각한다. 대중적 감각을 얻는 첫발은 '타인의 생각'을 읽는 노력에서 시작된다고 우리는 여전히 믿는다. 그리고 이 책의 지향점도 여전하다.

항상 뜨거운 관심과 지지를 보내주는 마크로밀 엠브레인 가족에게 늘 감사의 마음을 전한다. 올해도 패널 빅데이터 분석이라는 어려운 미션을 잘 수행할 수 있도록 물심양면 도움을 준 패널 빅데이터센터 데이터사이언스 팀(손희섭 부장, 이주 차장, 한다정 대리, 이슬아 연구원, 오혜린 연구원)에게도 특별히 감사의 인사를 전한다.

시크릿하우스의 전준석 대표와 황혜정 부장께는 언제나 마음 깊은 감사와 의리의 인사를 전한다. 편집과 내용을 대폭 바꾼, 올해도 많이 싸웠다(?). 그리고 또 역시나 정은 더 깊어졌다.

아울러 올해도 여전히 이 책을 기다려온 독자분들께 마음 깊은 감사를 드린다. 이 책에서 제시한 우리의 고민과 질문이 독자들이 현재 가지고 있는 문제를 풀어가는 데 한 줌이라도 도움이 되는 도구가 된다면 더 바랄 것이 없다. 독자 여러분들의 건강과 안전한 일상을 기원한다.

2021년 10월

㈜마크로밀 엠브레인 컨텐츠사업부 저자 일동

CONTENTS

서문
만족의 지연(遲延), 미래를 위한 시간의 축적,
그리고 일상적 통제감의 확장 · 5

PART 1

SOCIAL
만족의 지연

Chapter 1. **욜로의 종말, 투자 열풍은 계속 된다**
MZ세대의 가상 화폐 투자가 합리적인 선택일 수 있는 이유

벼락거지가 불러일으킨 불안감, 그리고 가상 화폐 투자 · 25
위험하다지만 나에게는 합리적인 투자 방법 · 29
월급이 대안이 될 수 없는 이유 · 33
So what? 시사점 및 전망 · 38

Chapter 2. **복수 판타지, 부정적 감정의 대리 해소**
약자의 선택, 대리 경험 그리고 감정 공동체

유명무실한 법의 공정성 · 45
가속화된 격차 사회, 중간 계층의 붕괴 · 47
약자들의 상대적 박탈감, 정당한 분노가 되다 · 50
탈리오 법칙이 적용되지 않는 사회 · 54
복수심, '현재' 상처에서의 탈출 에너지 · 56
So what? 시사점 및 전망 · 59

트렌드 뾰족하게 보기

1. #능력주의 심화 #가난한 자녀 세대 · 66
2. #무전무업 #탈스펙 · 69
3. #사법 불신 #면죄부 논란 · 72
4. #공감 콘텐츠 #오리지널 콘텐츠 · 75
5. #정신 건강 #관리 루틴 · 79

[패널 빅데이터]
Insight Ⅰ
〈TV 프로그램 시청 경험〉과 〈소득 수준〉, 과연 어떤 관련이 있을까? · 83

PART 2

CULTURE
세대 간 문화 재확산, 낮은 문해력

Chapter 3. 新소비 공식, 경험의 세대 전이
세대 간 문화 재확산 현상, 가족 중심으로 재편된 소비의 공유

게임과 쇼핑에 합류한 부모 세대 · 87
자녀 세대, 부모 세대 문화를 재확산하다 · 92
가족관의 변화, 적당한 거리두기&분리하기 · 96
가족에 대한 의무감에서 자유로워지다 · 99
So what? 시사점 및 전망 · 103

Chapter 4. 문자 소통 시대, 낮은 문해력이 양산하는 문제들
학력과 소통의 양극화

당신의 문해력을 테스트해보라 · 107
문자 소통 일상화 시대, 긴 글 읽기의 어려움이 양산하는 문제들 · 110
글을 읽지 않고… 짧은 영상으로 공부하기? · 113
So what? 시사점 및 전망 · 116

트렌드 뾰족하게 보기

6. #숏폼 콘텐츠 #디지털 리터러시 · 125
7. #중고 거래 #1인화 · 129
8. #K-등산 #아재 문화 · 132
9. #정상 가족 #가족의 정의 · 135
10. #가사 노동 #K-할머니 · 138

[패널 빅데이터]
Insight II
〈숏폼 콘텐츠〉 이용이 정말 독서율 저하에 영향을 미칠까? · 141

PART 3

WORK
통제감과 시간 선택권

Chapter 5. **MZ세대가 사표를 던지는 이유**
시간 선택권, 통제감, 자기 계발 욕구

아무리 구직난 시대여도 내 갈 길 간다 · 145
중요한 것은 월급이 아닌 '시간 선택권' · 147
강한 통제 욕구, '좋은 회사'를 판정하는 기준이 되다 · 152
MZ세대의 회사 생활 이해하기 · 155
So what? 시사점 및 전망 · 160

Chapter 6. **MZ세대가 생각하는 좋은 직장이란?**
자부심과 상대적 박탈감 그 사이

직장인들의 은밀하고 솔직한 해우소 · 166
회사에서는 침묵하는 직장인들 · 168
재택근무로 심화된 소통 단절 · 170
직장인들이 진짜 원하는 좋은 직장 · 172
한 끗 차이의 복지 제도 · 175
자부심과 상대적 박탈감 사이 · 177
So what? 시사점 및 전망 · 179

트렌드 뾰족하게 보기

11. #워케이션 #재택근무 · 187

12. #월급의 의미 #부수입 · 190

13. #불목 #주 4일제 · 193

14. #스텔스 이직 #N잡러 · 196

[패널 빅데이터]
Insight III
〈익명 게시판〉을 이용하는 직장인들은 얼마나 구직·이직앱을 이용할까? · 199

PART 4

LIFE
관계 욕구와 메타버스 세계

Chapter 7. 보급형 취향, 나만의 것이 아닌 나만의 취향
구별 짓기, 당신의 취향은 평가받고 있다

2017년부터 시작된 취미 사랑 · 203
어쩌다 취미, 어느새 취향 · 207
취향에 대한 두 가지 이론 · 209
'나만의 취향'이란 단어의 진짜 원산지 · 213
알고 보면 보급형이었던 '나만의 취향' · 217
So what? 시사점 및 전망 · 218

Chapter 8. 대면 관계의 결핍이 만들어낸 현상들
메타버스는 대중의 어떤 욕구를 대변할까?

판타지, SF 장르가 흥행하는 이유 · 223
MBTI가 유행하는 이유 · 226
'일상적 통제감'을 확대하면서 생기는 현상 · 230
정체성 찾기, 일상적 통제감, 사회적 본능 그리고 메타버스 · 234
So what? 시사점 및 전망 · 238

트렌드 뾰족하게 보기

15. #개인 맞춤형 #평판 관리 · 243

16. #한정판 #리셀 시장 · 247

17. #취향 투자 #신뢰 지수 서비스 · 250

18. #짠테크 #조각 투자 · 254

[패널 빅데이터]
Insight IV
SNS Heavy User는 진짜 플렉스(Flex) 취향을 즐길까? · 257

미주 · 258

PART 1

SOCIAL

만족의 지연

욜로의 종말,
투자 열풍은 계속된다
MZ세대의 가상 화폐 투자가 합리적인 선택일 수 있는 이유

벼락거지가 불러일으킨 불안감, 〟
그리고 가상 화폐 투자

벼락거지. 2020년 하반기에 갑자기 툭, 등장해 2021년은 아예 《시사 상식 사전》에 벼락같이 등재된 단어다. 무슨 뜻일까? 이 사전에는 "자신의 소득에 별다른 변화가 없었음에도 부동산과 주식 등의 자산 가격이 급격히 올라 상대적으로 빈곤해진 사람을 가리킨다"고 나와 있다. 자신은 아무것도 안 하고 조용히 있었을 뿐인데, 주변을 돌아보니 갑자기 '거지'가 되어버렸다. 월급은 그대로인데 부동산이나 투자가치는 모두 올라 주변 사람들과 비교해보니 '상대적'으로 가난해진 '느낌'을 갑작스레 가지게 되었다는 것이다.

벼락거지

자신의 소득에 별다른 변화가 없었음에도 부동산과 주식 등의 자산 가격이 급격히 올라 상대적으로 빈곤해진 사람을 가리키는 신조어다. 특히 코로나19로 인한 경제 위기 상황에서 부동산과 주식 가격이 폭등하자 이를 보유하지 못한 사람들은 상대적으로 현금의 가치가 떨어져 자산 규모가 줄게 되었다. 월급만 모으고 재테크를 하지 않았던 사람들이 하루아침에 거지로 전락하고, 나만 뒤처진 것 같다는 상대적 박탈감을 느끼게 된 것이다.

이런 상황에서 주식과 비트코인 등에 대한 투자 광풍이 몰아쳤고, 이에 '벼락거지'와 함께 대출을 받아 주식에 투자하는 '빚투', 영혼까지 끌어모아 투자하거나 집을 산다는 '영끌', 치솟는 집값으로 인한 우울증을 뜻하는 '부동산 블루', 나만 기회를 놓친 것 같아 불안해 하는 '포모증후군' 등의 신조어도 일상에 자리 잡은 바 있다.

출처: 시사상식사전

'벼락거지'는 교묘한 뜻을 품고 있는 단어다. 어감은 '벼락부자'와 비슷하지만 불러일으키는 감정이 다르다. 벼락부자는 사람들에게 부러움이나 시기심을 불러일으킬 수 있어도, 불안감을 주지는 않는다. 반면 이 단어, '벼락거지'는 기본적으로 '타인과의 비교'를 내포하고 있고, 단순히 내가 가난해진다는 의미를 넘어, 남보다 '뒤떨어질 수 있다'는 불안감을 불러일으킨다. 그래서 만약, 투자에 참여하지 않고 가만히 있다면 주변 사람들보다 '가난해질 수 있다'는 이 불안감은 사람들로 하여금 투자에 눈을 돌리게 만들었다.

이 벼락거지를 유발하게 한 현상, 즉 부동산, 주식, 가상 화폐 등에서 나타난 투자 열풍은 2021년 현재까지도 전 국민을 들썩이게 하고 있다. 특히 타인과의 비교에 민감한 2030세대(MZ세대)가 벼락거지가 되지 않기 위해 투자 열풍에 더 격렬하게 참여하고 있는 듯 보인다. 전통적으로 부동산시장의 주요 타깃이었던 50대 이상의 선배 세대를 밀어내고 2030세대가 빠르게 이 시장에 진입했고,[1] 주식

시장에도 대거 유입된 것이다. 한 금융권 빅데이터 센터 분석에 따르면, 비대면 계좌 개설이 전년 대비 168%가 증가했는데, 계좌 개설 고객 중 2030세대가 60%에 달했고(20대 33%, 30대 27%) 이것은 36% 정도인 4050세대(40대 22%, 50대 14%)에 비해 월등히 높은 수치였다.[2]

그리고 2030세대가 부동산과 주식만큼이나 큰 관심을 갖는 투자 대상이 하나 더 있다. 바로 가상 화폐 투자다. 기존에 가지고 있는 자산이 거의 없거나 부족한 MZ세대가 느끼는 가상 화폐 투자의 장점은 분명해 보인다. 부동산처럼 대규모의 레버리지(부채)를 끌지 않아도 되고, 주식시장처럼 상한가 제한이 있거나, 시장을 여는 시간이 제한되어 있지도 않고, 아주 작은 소액으로도 투자가 가능하다. 2021년 4월 21일, 국민의당 권은희 국회의원실이 금융위원회를 통해 공개한 자료를 보면, 코인 투자에 대한 2030세대의 관심이 잘 드러난다. 이 자료에는 빗썸, 업비트, 코빗, 코인원 등 주요 4대 거래소에서 받은 투자자 현황이 분석되어 있는데, 2021년 1분기 신규 가입자 249만 5,289명 중 20대가 32.7%(81만 6,039명)으로 가장 많았고, 30대가 30.8%(76만 8,775명)으로 그다음이었다.[3] 1분기 전체 가입자의 60% 이상이 2030세대였던 것이다. 코인시장에 대한 젊은 세대의 높은 기대감을 추정할 수 있는 예치금 규모에 대한 정보도 있었다. 2021년 1월 말에서 3월 말까지, 가상 화폐에 투자하기 위해 넣어둔 예치금의 증가율이 20대는 154.7%(346억 원 → 881억 원), 30대는 126.7%(846억 원 → 1,919억 원)로 크게 증가한 것이다.[4] 그만큼 코인시장에 대한 2030세대의 기대감이 대단하다는 것을 잘 보여준다.

그런데 2021년 4월 22일, 2030세대의 코인시장에 대한 기대감에 찬물을 끼얹은 사건이 있었다. 당시 금융위원장이었던 은성수 위원장은 국회 정무위원회에서 가상 화폐(암호 화폐)를 인정할 수 없는 화폐라고 규정하고, 이런 가상의 자산에 투자한 이들까지 정부에서 다 보호할 수는 없다는 취지의 발언을 했다.[5] 이 발언의 파장은 상당했다. 다음 날 국내 비트코인 가격이 하루 사이 15% 이상 폭락했고,[6] 2030세대와 정치인이 가세해 논쟁이 격화됐다.[7] 사실 그동안에도 가상 화폐 투자의 위험성을 경고한 전문가들이 없었던 것은 아니다. 하지만 당시 금융위원장의 경고 발언은 말의 '톤 앤 매너(말의 어감과 분위기)'가 사뭇 달랐다. 특히 끝머리에 다음과 같은 말을 덧붙인 것이 화근이었다.

> "하루에 20%씩 오르내리는 자산에 함부로 뛰어드는 게 올바른 길이라고 보지 않는다. (청년들이) 잘못된 길을 가고 있으면 잘못됐다고 어른들이 얘기해줘야 한다."
>
> −한국경제, 2021. 04. 22.[8]

'뭘 모르는' 청년들이 '잘못된 판단'을 하고 있으니, 선배 세대들이 잘 가르쳐줘야 한다는 것이다. 이 발언은 2030세대의 공분을 샀다. 급기야 한 30대 직장인은 청와대 청원 게시판을 통해 금융위원장의 자진사퇴를 청원하기도 했다.[9] 이 청원은 답변 요건 20만을 충족해 한 달 뒤 청와대에서 가상 자산에 대한 세부적인 관리와 사안의 엄중함을 인식한다고 밝히기도 했다.[10] 지금은 금융위원장이 바뀌어 이 사태가 일단 수면 아래로 가라앉았지만, 여전히 이러한 질문은 남는다. 2030 청년 세대는 정말로 가상 화폐 시장에 "함부로" 뛰어든 것일까? 왜, 청년 세대는 이 투자 방식에 큰 기대를 거는 것일까?

위험하다지만 나에게는 ''
합리적인 투자 방법

조사 결과를 보면, 2030세대는 가상 화폐가 매우 위험하며, 예측이 불가능한 투자 대상이라는 것은 분명히 인식하고 있는 것 같았다(나는 가상 화폐 투자가 고위험 투자라고 생각한다 – 20대 87.2%, 30대 86.4%, 40대 83.2%, 50대 85.2%, 가상 화폐 시장은 예측이 불가능한 투자 분야다 – 20대 82.4%, 30대 82.0%, 40대 84.4%, 50대 84.0%).[11] 그리고 신중하게 접근해야 한다는 주장에도 동의한다(가상 화폐 투자는 신중한 접근이 필요하

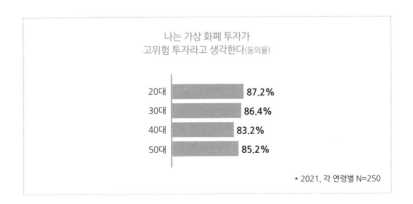

나는 가상 화폐 투자가
고위험 투자라고 생각한다(동의율)

20대	87.2%
30대	86.4%
40대	83.2%
50대	85.2%

* 2021, 각 연령별 N=250

다-20대 82.0%, 30대 81.6%, 40대 82.0%, 50대 84.0%).[12] 그래서 가상 화폐 투자는 장기보다는 단기 투자로(가상 화폐 투자는 장기 투자보다 단기 투자에 적합하다 - 20대 65.2%, 30대 60.4%, 40대 52.0%, 50대 58.4%), 거액이 아닌 소액으로(가상 화폐 투자는 거액보다는 소액 투자에 적합할 것 같다 - 20대 53.6%, 30대 45.2%, 40대 54.0%, 50대 56.8%), 글로벌 시장도 파악할 겸 공부 삼아(글로벌 시장 경제를 파악하기 위해 가상 화폐 투자를 해보는 것도 나쁘지 않을 것 같다 - 20대 36.0%, 30대 40.0%, 40대 32.0%, 50대 27.2%) 조심스럽게 투자하려는 경향이 강했다.[13]

다만, 2030세대는 가상 화폐 투자가 고위험 투자라는 인식을 가지고 있는 동시에 수익 실현 가능성도 좀 더 높게 보고 있었다. 이들 세대는 선배 세대들에 비해 주변에 가상 화폐 투자로 돈을 번 사람들이 생각보다 많을 것 같다고 여기고 있었으며(가상 화폐 투자로 돈을 번 사람이 생각보다 많을 것 같다 - 20대 43.6%, 30대 36.8%, 40대 26.8%, 50대 19.2%), 만약 자신이 투자한다면 어느 정도 수익을 올릴 수 있고(내가 만약 가상 화폐 투자를 하면 어느 정도 수익을 올릴 수 있을 것 같

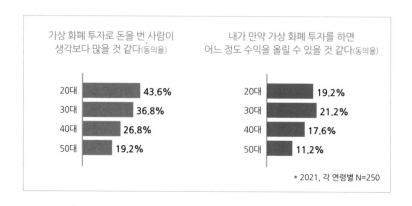

가상 화폐 투자로 돈을 번 사람이 생각보다 많을 것 같다(동의율)

20대	43.6%
30대	36.8%
40대	26.8%
50대	19.2%

내가 만약 가상 화폐 투자를 하면 어느 정도 수익을 올릴 수 있을 것 같다(동의율)

20대	19.2%
30대	21.2%
40대	17.6%
50대	11.2%

* 2021, 각 연령별 N=250

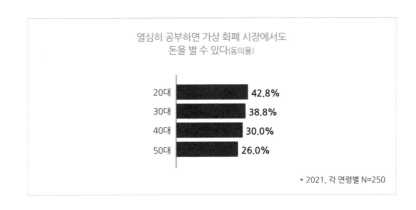

열심히 공부하면 가상 화폐 시장에서도
돈을 벌 수 있다(동의율)

연령	동의율
20대	**42.8%**
30대	**38.8%**
40대	**30.0%**
50대	**26.0%**

* 2021, 각 연령별 N=250

다 - 20대 19.2%, 30대 21.2%, 40대 17.6%, 50대 11.2%), 부동산이나 주식보다 투자 성과가 더 좋을 것(다른 투자 방법(부동산, 주식)보다 가상 화폐 투자 성과가 제일 좋을 것 같다 - 20대 20.8%, 30대 18.4%, 40대 15.2%, 50대 12.8%)이라고 생각하는 경향도 상대적으로 높았다.[14] 그리고 2030세대의 이런 자신감의 강력한 근거는 '공부'였다(열심히 공부하면 가상화폐 시장에서도 돈을 벌 수 있다 - 20대 42.8%, 30대 38.8%, 40대 30.0%, 50대 26.0%).[15]

이렇게 2030세대가 가상 화폐 투자에서 높은 수익을 기대하는 것은 현재 한국 사회의 경제 상황에 대한 이들의 판단과도 깊은 관련이 있었다. 지금 가상 화폐에 뛰어드는 사람들이 많아지고 있다는 것 자체가 실물경제가 어렵고, 저축만으로는 잘살기 어려운 시대이기 때문이라고 생각하는 것이다(가상 화폐에 뛰어드는 사람들이 많아지고 있는 것은 실물경제가 어렵다는 것을 의미한다 - 20대 71.6%, 30대 73.6%, 40대 67.2%, 50대 69.2%, 성실하게 돈 벌고 저축하는 사람이 잘살 수 없는 세상이기 때문에 가상 화폐에 투자하는 것이다 - 20대 68.8%, 30대 66.8%, 40대

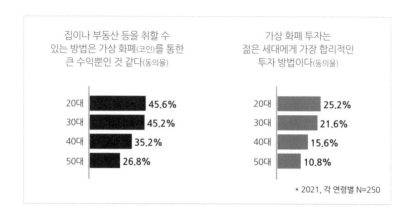

집이나 부동산 등을 취할 수
있는 방법은 가상 화폐(코인)를 통한
큰 수익뿐인 것 같다(동의율)

20대	45.6%
30대	45.2%
40대	35.2%
50대	26.8%

가상 화폐 투자는
젊은 세대에게 가장 합리적인
투자 방법이다(동의율)

20대	25.2%
30대	21.6%
40대	15.6%
50대	10.8%

* 2021, 각 연령별 N=250

61.6%, 50내 55.6%).[16] 또 집을 살 수 있는 방법은 가상 화폐뿐이라는 주장에 상대적으로 더 강하게 동의하고 있었다(집이나 부동산 등을 취할 수 있는 방법은 가상 화폐를 통한 큰 수익뿐인 것 같다 – 20대 45.6%, 30대 45.2%, 40대 35.2%, 50대 26.8%).[17] 2030세대는, 젊은 세대에게 있어 가상 화폐 투자는 적은 금액으로 투자할 수 있는 가장 '합리적인' 투자 방법이라는 항목에서도 상대적으로 더 많이 동의하고 있었다(가상 화폐 투자는 젊은 세대에게 가장 합리적인 투자 방법이다 – 20대 25.2%, 30대 21.6%, 40대 15.6%, 50대 10.8%).[18]

이렇게 보면, 2030 청년 세대에게 있어서 이 '코인 투자'라고 하는 가상 화폐 투자는, '꼰대 선배'들이 생각하는, '뭘 모르는' 청년들이 '함부로' 뛰어드는 시장은 아닌 것으로 보인다. 가상 화폐 투자는 현재 2030세대의 입장에서는 나름 합리적인 판단일 수도 있다는 뜻이다. 다른 대안이 없는 한, 계층 상승을 할 수 있는 거의 유일한 투자 대상이라고 판단하고 있기 때문이다. 여기까지 보면 다음과 같이 정리해볼 수 있겠다.

1. 2030세대는 가상 화폐의 위험성과 불확실성을 인지하고 있고, 예측 불가능하다는 것도 잘 알고 있다.

2. 그래서 가상 화폐 투자는 단기적이고, 소액으로 글로벌 경제를 공부할 겸 투자하는 경향이 있고,

3. 실제 '내 주변'에 가상 화폐로 돈을 번 사람들이 꽤 많으며,

4. 내가 하면 약간의 수익은 낼 수 있다는 자신감도 있다.

5. 왜냐하면 이들이 보기에 가상 화폐 시장도 '열심히 공부하면' 통제 가능한 시장이고,

6. 가상 화폐 투자는 레버리지를 일으킬 수 없거나,

7. 투자 금액이 너무 적은 청년 세대에게 다른 대안이 없는 거의 유일한 투자처나 다름없는 존재인 것이다.

월급이 대안이 될 수 없는 이유 ⁇

2030세대가 가상 화폐에 열광하는 또 다른 이유는 '월급'에 대한 불만족과도 관련이 있어 보인다. 현재 경제생활의 기본이 되는 월급에 대한 20대, 30대 직장인의 만족도는 대단히 낮은 수준이다(월 급여 만족도 – 20대 16.4%, 30대 14.4%, 40대 22.8%, 50대 25.2%).[19] 물론, 회사의 급여라는 것은 처음부터 높은 연봉의 전문가로 출발하지 않는 이상(전문가라고 하더라도) 경력과 연차가 주는 누적 효과를 무시할 수는 없기 때문에, 당연히 낮은 연령대의 만족도가 상대적으로 낮을 수밖에는 없다. 다만, 20대와 30대는 자신이 하고 있는 '일에 비

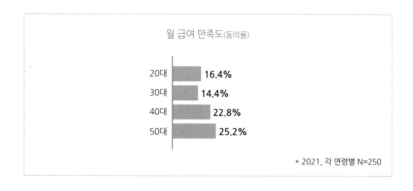

월 급여 만족도(동의율)

20대 **16.4%**
30대 **14.4%**
40대 **22.8%**
50대 **25.2%**

* 2021, 각 연령별 N=250

해서'도 월 급여가 적정하지 않다고 생각하는 경향도 선배 세대에 비해 더 강했다(월 급여가 하는 일에 비해 적정하지 않다 - 20대 56.4%, 30대 60.4%, 40대 53.2%, 50대 51.6%).[20] 이런 급여 수준에 대한 높은 불만은, 이들이 가지고 있는 '높은 기대치'를 알아야 제대로 이해할 수 있는 대목이다.

지금의 2030세대는 계층 상승 욕구가 높다. 중산층보다는 상류층으로 살고 싶어 했다(나는 중산층으로 살고 싶다 - 20대 58.4%, 30대 54.8%, 40대 56.0%, 50대 63.2%, 나는 상류층으로 살고 싶다 - 20대 69.6%,

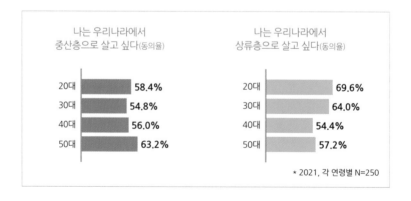

나는 우리나라에서
중산층으로 살고 싶다(동의율)

20대 **58.4%**
30대 **54.8%**
40대 **56.0%**
50대 **63.2%**

나는 우리나라에서
상류층으로 살고 싶다(동의율)

20대 **69.6%**
30대 **64.0%**
40대 **54.4%**
50대 **57.2%**

* 2021, 각 연령별 N=250

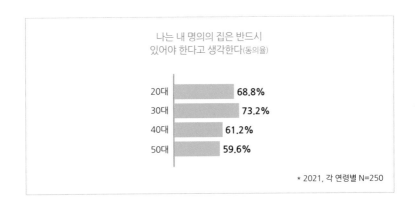

나는 내 명의의 집은 반드시
있어야 한다고 생각한다(동의율)

20대 **68.8%**
30대 **73.2%**
40대 **61.2%**
50대 **59.6%**

* 2021, 각 연령별 N=250

30대 64.0%, 40대 54.4%, 50대 57.2%).[21] 그리고 실제로 계층 상승 가능
성을 선배 세대보다 더 높게 보고 있었다(계층 상승 가능성 있다 - 20대
57.3%, 30대 54.5%, 40대 45.8%, 50대 36.4%).[22] 무엇보다 과거와는 달리
지금의 20대와 30대는 내 집 소유 욕망이 매우 강했다(나는 내 명의의
집은 반드시 있어야 한다고 생각한다 - 20대 68.8%, 30대 73.2%, 40대 61.2%,
50대 59.6%).[23] 즉, 20대와 30대에게는 지금 당장의 생활비 수준의
월급이 아닌, 집을 장만하고, 장기적인 계층 상승이 가능한 수준의

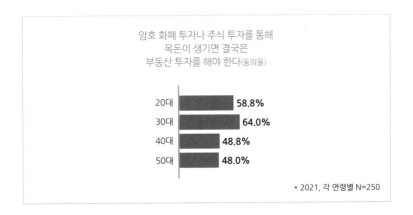

암호 화폐 투자나 주식 투자를 통해
목돈이 생기면 결국은
부동산 투자를 해야 한다(동의율)

20대 **58.8%**
30대 **64.0%**
40대 **48.8%**
50대 **48.0%**

* 2021, 각 연령별 N=250

저축하고 투자할 여력이 있는 추가적인 수입이 필요한 것이다. 이런 마인드는 가상 화폐(암호 화폐)에 집중하는 다른 동료들을 이해하는 태도에서도 잘 나타난다(요즘 사람들이 주식이나 암호 화폐 투자에 집중하는 현상은 월급으로만 살 수 없기 때문이다 - 20대 83.6%, 30대 85.2%, 40대 82.4%, 50대 73.2%).[24] 이들 세대는, 주식이나 가상 화폐 투자는 결국 부동산 투자를 위한 징검다리 역할이라고 생각하는 경향이 선배 세대들에 비해 강한 것이다(암호 화폐 투자나 주식 투자를 통해 목돈이 생기면 결국은 부동산 투자를 해야 한다 - 20대 58.8%, 30대 64.0%, 40대 48.8%, 50대 48.0%).[25]

이처럼 투자와 경제적 목표에 강하게 몰입하고 있는 2030세대는 다양한 형태의 재테크에 관심이 많았다(재테크 관심도 - 20대 78.4%, 30대 82.4%).[26] 다만 이들은 할인 쿠폰, 기프티콘 등의 상품권을 이용한다거나, 카드사 포인트를 적극적으로 적립하고, 앱의 리워드를 활용하거나, 잔돈 등을 저금통에 모으는 등의 이른바 '짠테크'에 대해서 아주 높은 관심을 보이는 것은 아니었다. 이런 소소한 일상에서의 저축과 절약을 통한 '작은 돈 모으기'에 대한 호감은 50대

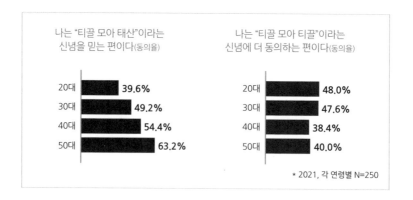

가 가장 높았다(짠테크 호감도 - 50대 55.6%, 40대 48.0%, 30대 52.0%, 20대 50.4%).[27] 50대와 40대는 "티끌 모아 태산"이라는 격언에 높은 신뢰를 보내는 것 같았는데(나는 "티끌 모아 태산"이라는 신념을 믿는 편이다 - 50대 63.2%, 40대 54.4%, 30대 49.2%, 20대 39.6%), 이에 반해 20대와 30대는 "티끌은 모아봐야 티끌"이라는 냉소적인 의견을 좀 더 강하게 가지고 있었다(나는 "티끌 모아 티끌"이라는 신념에 더 동의하는 편이다 - 20대 48.0%, 30대 47.6%, 40대 38.4%, 50대 40.0%).[28] 2030세대는 자신들의 경제적 목표 달성을 위한 좀 더 빠른 방법을 찾고 있었다(재테크나 절약보다 로또 등을 통한 한 방이 더 승산 있다고 생각한다 - 20대 24.4%, 30대 28.8%, 40대 20.4%, 50대 11.6%).[29] 그렇기 때문에, 2030세대가 선배 세대들에 비해 주식과 가상 화폐에 더 많이 투자하고 있는 것이다(주식 투자 참여율 - 20대 62.8%, 30대 62.0%, 40대 59.6%, 50대 54.8%, 가상 화폐 투자 참여율 - 20대 28.0%, 30대 26.4%, 40대 12.8%, 50대 6.8%).[30]

이상에서 살펴본, 2030세대의 투자와 재테크에 대한 태도는 몇 가

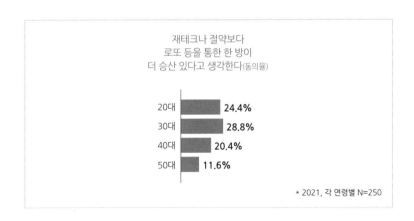

재테크나 절약보다
로또 등을 통한 한 방이
더 승산 있다고 생각한다(동의율)

20대	24.4%
30대	28.8%
40대	20.4%
50대	11.6%

* 2021, 각 연령별 N=250

지로 정리할 수 있다. 2030세대의 계층 상승 욕구는 매우 높다. 그리고 이것이 실현 가능하다고 믿는다. 주택 소유욕도 높다. 그래서 현재의 급여 수준에는 만족할 수가 없고, 추가적인 수입이 발생할 수 있는 방법을 찾는다. 다만, 일상생활을 검소하게 하거나 절약함으로써 얻는 이익은 생각보다는 높지 않다고 생각하는 경향이 있다. 그래서 부동산에 비해 진입 장벽이 낮은 주식과 가상 화폐 시장에 관심이 많고, 투자도 많이 하고 있다. 공부를 많이 하면 결국엔 이 불확실한 시장에서도 수익을 올릴 수 있다고 믿기 때문이다.

So what? 〞
시사점 및 전망

2020년에 이어 2021년도에도 사회 전반적인 투자 열기는 식지 않고 있다. 저금리의 시대가 끝나면서, 투자 전망에 대한 불확실성을 높게 보는 전문가들도 많지만 지난 2년 동안 강하게 만들어진 투자 태도가 갑자기 꺾일 수 없는 견고한 관성을 만들어내고 있는 것으로 보인다. 이런 경향은 몇 가지 중요한 전망과 시사점을 갖고 있다.

첫째는, 청년 세대의 광범위한 투자 활동의 지속성에 대한 전망이다. 현재 2030세대가 보여주고 있는 강한 투자 열풍은 근본적으로 자신들이 가지고 있는 높은 계층 상승에 대한 욕망을 실현해줄 수 있는 정책적·제도적 사다리가 없는 한 끊임없이 추구되고 반복될 것으로 예상된다. 따라서 이런 2030세대의 경제적 불안감을 낮추고 경제적 목표를 실현 가능케 할 수 있는 정책적 목표를 만드는 것이 필요해 보인다. 더욱이 2022년은 대통령 선거와 지방의회 선거라는 대형 이벤트가 있는 시점인 만큼 (청년들의 표를 얻기 위해서라도) 정치권에서는 이 부분에 대한 정

책 및 공약 마련에 고심을 해야만 할 것이다. 특히 이들이 선호하는 투자 채널을 다양화하고, 투명하고 합리적으로 관리할 수 있는 현실적인 방법이 필요한 시기라고 생각된다. 청년 세대의 코인 투자는 그들 스스로가 만든 과잉 욕망이 아니다. 제도적으로 이들의 '노력'에 대한 대가가 폄하되고 있는 한국 사회의 분위기에 대한 대응일 수 있다. 이에 대해《눈 떠보니 선진국》의 작가 박태웅 한빛미디어 의장은 다음과 같이 일갈한다.

> 세입자가 정말 열심히 잘해서 고객을 끌면 건물주가 월세를 3배 올려 그간 고생한 대가를, 혹은 그 이상을 한순간에 가져가 버린다. 함부로 옮기기도 어렵다. 그간 투자한 인테리어비가 있고, 애써 모은 고객이 있기 때문이다. 전형적으로 열심히 일을 할수록 벌을 주는 구조다. 젊은 청년들이 일확천금을 노리고 코인의 불바다로 뛰어드는 건 이런 구조의 결과다. 이 상벌 구조는 노력을 할수록 벌을 주기 때문이다.
>
> -박태웅,《눈 떠보니 선진국》, p.68

둘째는, 욜로 현상의 종말에 관한 것이다. 대중 소비자들은 앞으로 상당 기간 현재의 만족을 유보하고, 미래 가치 위주로 사고하는 현상이 팽배하게 될 것으로 전망된다. 2015년 12월, 메르스MERS라는 전염병이 공식적으로 종식되고, 이듬해부터 사람들은 억압된 일상의 해방감을 느꼈다. 이 현상을 서울대학교 소비트렌드분석센터는 '욜로YOLO(You Only Live Once)'라고 명명했고, 대유행을 가져왔다. 그러나 현재 코로나19 팬데믹 상황은 조금 달라 보인다. 아직도 코로나의 종식이 요원하고, 전 국민 대부분이 백신 접종을 한다고 히더라도 그 불안감을 쉽게 통제할 수는 없을 것으로 예상되는 상황이다. 해외에서의 유입 가능성과 변이 바이러스의 추가 확산을 완벽하게 통제할 수는 없기 때문이다. 이렇게 되면 현재의 불안감은 당분간 지속될 수밖에 없을 것이다. 자연스럽게 대중 소비자들은 '지금 당장의 만족감'을 얻는 활동을 축소하고, 당분간 미래를 위해 상당한 축적의 시간을 갖게 될 것으로 보인다. 실제 조사에서도 이런 경향이 매우 뚜렷하게 나타난다. '지금 당장의 만족'을 중요하게 여기던 경향이 2030세대를 포함한 전 연령대에서 4년

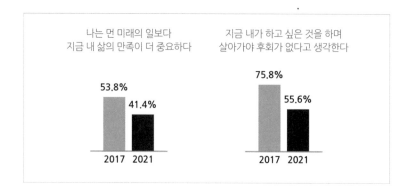

만에 크게 낮아졌고(나는 먼 미래의 일보다 지금 내 삶의 만족이 더 중요하다 – 53.8%(2017) → 41.4%(2021)), 지금 당장 하고 싶은 것을 해야 한다는 생각도 상당히 줄어든 것이다(지금 내가 하고 싶은 것을 하며 살아가야 후회가 없다고 생각한다 – 75.8%(2017) → 55.6%(2021)).[31] 그리고 이런 경향은 투자 열풍을 유지하게 하는 중요한 태도인 것으로 판단된다. 따라서 결국 코로나로 인한 지금 당장의 '답답함'을 즉각적으로 해소하자는 방식의 대중 커뮤니케이션은 일시적인 효과는 있을지 몰라도, 장기적으로는 여론의 큰 동의를 얻기 어려워 보인다. 이런 단기적인 답답함의 해소를 지연遲延시키는 니즈의 증가는 미래의 가치를 높이기 위한 지속적 투자 행위의 동력이 될 수 있다.

셋째는, 2030세대의 가상 화폐 투자에 대한 실질적 위험성에 대한 시사점이다. 앞서 분석한 것처럼, 현재 가상 화폐 투자에 대한 가장 높은 호감과 기대감은 모두 2030세대 중심으로 형성되어 있다. 그리고 2030세대는 선배 세대의 우려처럼 이 시장에 대해 '함부로' 들어가고 있는 것은 아닌 것으로 보인다. 가장 중요한 근거가 이 세대들의 '학습 능력(학벌 같은 것이 아니라 새로운 것을 배우는 능력)'이다. 2030세대는 자신의 학습 능력에 대해 상당한 자신감이 있는 것으로 보인다. 그래서 가상 화폐 시장도 '열심히 공부'한다면, '나는' 평균보다 높은 수익률을 올릴 수 있다고 생각하는 경향이 있다. 하지만 바로 여기서 우려스러운 점이 있다. 이들이 가상 화폐 투자와 관련한 주요 정보처가 '유튜브 채널'이란 점이다(가상 화폐 투자 관련 주요 정보처 – 1순위: 유튜브 45.0%, 2순위: 네이버 카페 등 17.5%, 3순위: 블로그 10.8%).[32]

유튜브는 기본적으로 추천 알고리즘으로 움직이며, 내가 반복해서 본 영상과 유사한 성향을 지속적으로 추천해준다. 이런 식의 추천은 특히 투자 판단에 있어서는 대단히 위험하다. 내가 생각하는 것과 다른 방향의 분석과 의견을 통해 균형 있게 분석할 수 있는 기회를 잃어버리는 것이기 때문이다. 이런 공부 방법에 많은 시간을 투자한다는 것은 큰 도움이 되지 않을 수 있다. 실제로 가상 화폐 전문가들은 코인 투자자들이 유튜브나 디지털 알고리즘으로 움직이는 방식의 채널을 통해 얻는 정보를 경계한다. 전문가들이 이런 정보를 경계하는 이유는 기업의 실적과 내재 가치를 바탕으로 가격이 움직이는 주식시장과 다르게 암호 화폐는 오르고 내리는 데에 근거가 없기 때문이다.[33] 전문 투자자들은 가상 화폐 시장에도 주식시장과 같은 지표가 있다고 주장하지만, 사실 그 지표는 차트나 호재, 개발사, 기술력 등을 근거로 가격의 흐름을 예상하는 표 정도에 불과하다는 의견이 지배적이다.[34] 이런 상황에서는 '네임드(유력인)'된 인물의 한마디로 코인시장은 천국과 지옥이 출렁이기도 한다. 일론 머스크 같은 인물이 대표적이다. 따라서 코인시장이 좀 더 투명화되기 전까지 2030세대는 자신의 학습 능력을 과신하지 않아야 한다. 투자에 관해 '열심히 공부'하는 능력은, 오히려 객관적 지표가 존재해 나름의 성공 방식이 있다고 알려져 있는 다른 투자 대상(예를 들어, 중·장기적인 가치 투자 시장 등)에 좀 더 효과적일 수 있다고 본다.

네 번째 시사점은, 상당한 불안감과 열등감을 갖게 하는 '벼락거지'란 표현의 팩트fact에 관한 것이다. 서두에 언급한 것처럼 이 단어

(벼락거지)는 듣는 사람으로 하여
금 교묘한 심리적 효과, 즉 불안
감과 열등감을 유발한다. 특히 열
등감은 여러 가지 복합적인 부정
적인 감정과 행동을 야기한다. 우
리는 복권이 당첨된 '벼락부자'에
게 부러움을 느낄 수는 있어도 열

등감을 느끼거나 불안감을 경험하지는 않는다. 하지만 '벼락거지'라
는 단어는 나만 배제된 듯한 느낌인 상대적 박탈감과 열등감을 갖
게 한다. 열등감은 '비교'를 통해서 얻어지는 감정이기 때문이다. 정
신분석학자 알프레드 아들러는 이 열등감이라는 감정은 굉장히 강
렬한 불안을 수반하기 때문에 이 감정을 직면하는 것은 상당히 고
통스러운 일이라고 지적한다.[35] 때문에 지금 상당수 언론에서 사용
하고 있는 '벼락거지'라는 표현은, 어떻게 보면 사람들을 투자시장
(특히 부동산시장)에 급하게 몰아가는 역할을 한다고 볼 수 있다. 불특
정 다수에게 고통을 주고, 그들을 모욕함과 동시에 불안을 야기하
는 표현이기 때문이다.

이 '벼락거지'의 의미가 성립하려면, '돈을 번' 사람은 다수고, '상
대적으로 가난해진 사람'이 나를 포함한 소수여야 한다. 하지만 자
본시장연구원의 발표 자료에 따르면, 2020년 신규 개인 투자자 3명
중 2명은 손실을 봤다.[36] 내 주변에 돈을 아주 많이 번 사람들은 '생
각보다(?)' 많지 않았다는 얘기다. 또한 2021년 7월 한국은행과 통
계청이 발표한 2020 국민 대차대조표 분석 기사를 보면 절반 가까

운 사람들(49.6%)이 순자산(부채를 뺀) 2억 원에 미달했고, 상위 10%의 자산만이 크게 올랐다.[37] '벼락거지'는 없었다. '양극화'만 있을 뿐이었다. 이런 상황이라면, '투자'를 서두르기보다는 '투표'를 서두르는 게 현실적인 방법일 수 있다.

복수 판타지,
부정적 감정의 대리 해소
약자의 선택, 대리 경험 그리고 감정 공동체

유명무실한 법의 공정성 ""

첫 번째 사례. 한 유명 자동차 커뮤니티가 난리가 났다. 납득하기
힘든 보험사의 사고 처리 과정이나 황당한 사고, 미스터리한 사건
때문이 아니다. 바로, 실제 만나보기도 어렵다는(?) 고가의 외제 차

한 대가 견인차에 유유히
끌려가고 있는 직캠 수준
의 사진 한 장 때문이었다.
경기 불황에도 억대가 넘
는 수입차의 국내 판매량
이 늘고 있다는 믿기 어려

출처: 유튜브 '인싸 케이k ʃ '

운 뉴스만큼이나, 수억 원에 호가하는 맥○○ 자동차가 견인차에 힘 없이 끌려가는 모습은 UFO 합성 논란 정도로 뜨거운 이슈가 됐다. 네티즌들의 반응은 폭발적이었다. 게시판에는 어지간히 돈이 많아 도 쉽게 살 수 없는 차를 단속한 견인차주의 '원칙'과 '뚝심'에 찬사 를 보내는 글이 넘쳐 났다. 멋지고, 통쾌한 일이 아닐 수 없다. 딱, 의미심장한 댓글을 마주치기 전까지는.

왠지 모를 쓸쓸함이 느껴진 건, 이 고가의 차량 견인으로 견인차 주가 어마어마한 수리비를 지불하게 되는 것 아니냐는 걱정 어린 댓글을 마주하고 나서부터다. 이상하다. 세아무리 몸값이 비싸다 한들 '법을 어긴' 불법 주차였다면 견인 중 차량의 피해, 파손은 당 연 차주의 책임이지 않은가(불끈). 하지만 언제부턴가 이 당연한 문 제 제기가 오히려 '문제시'되거나, 세상 물정 모르는 '유별난' 것으로 치부되는 세상을 마주하고 있다. 이유가 뭘까?

두 번째 사례. 2021년 3월, 국민 청원 게시판에 올라온 충격적인 폭로글에 온 국민이 공분에 떨었다. 이른바 '서당 학폭' 사건이다. 인성과 예절을 가르친다는 기숙형 서당에서 '학생들 간의 다툼', '따 돌림'의 수준을 넘어 잔혹하기 그지없는 폭력들, 한마디로 머릿속 으로 떠올릴 수 있는 모든 폭력이 자행됐던 사건이다. 하지만 서당 측 관계자는 가벼운 다툼으로 가해자를 두둔하거나, 오히려 이 서 당에는 애초부터 도벽이나 게임 중독, 분노 조절 장애 등의 문제 학 생들이 오는 곳이라 통제가 어려웠다는 등의 비상식적인 태도를 보 여 대중의 더 큰 분노를 불러일으켰다. 해당 학교는 곧 경찰 수사가 이뤄질 계획이며, 문제 시 폐쇄 조치될 수 있다는 기사들이 보도됐다. 당연한 일이고, 다행스러운 일이다. 그런데 약 1주일 뒤 보도된 기사 내용은 그야말로 반전 그 자체였다. 서당 학폭의 가해자가 자신은 〈쇼 미 더 머니〉 방송에 출연해야 하니 피해자에게 관련 기사를 내려달란 요구를 했다는 것이다.[38] 이럴 수가. 피해자의 고통은 아랑곳하지 않고 어떻게 그 큰 잘못을 저지르고도 방송에 나가 자신의 얼굴을 드러낼 생각을 할 수 있을까? 그것도 '감히' 피해자에게 그런 요구를 거리낌 없이 할 수 있는 것일까? 강심장이라고 하기엔 그 '당당한 뻔뻔함'에 말문이 막힌다.

이 두 가지 사례, 연관성 없어 보이지만 곰곰이 들여다보면 몇 가지 공통점이 있다. 왠지 모르게 '힘이 없고 억울한 피해자(약자)'와 뭔가 대단한 뒷배경이 있을 것만 같은 '당당한 가해자(강자)'가 있다는 점이다. 그리고 우리 사회에서 너무도 자주 직면하고 있는 이 양극단의 유형을 끊임없이 반복적으로 재생산해내고(?) 있는 유명무실한 법의 공정성 문제다.

가속화된 격차 사회, "
중간 계층의 붕괴

2021년 현재의 한국 사회는 그 어느 때보다 소득 불평등과 양극화 문제가 심각한 수준이다. 가진 사람들은 경제적 여유를 바탕으로 더 많은 부富를 손쉽게 축적하고 있지만, 애초부터 가진 것이 없던 사람들은 부의 축적은 꿈도 꾸지 못한 채 경제적 어려움을 감내해야만 하는 상황에 더욱 자주, 그리고 훨씬 쉽게 노출되고 있다. 문제는 이 상류층과 하류층의 사이, 보통 수준의 부를 가지고 있을 것으로 여겨지는 중간층이 한국 사회에서 점점 더 빠르게 사라지고 있다는 사실이다.

 한 사회에 중간층이 많다는 것은 어느 정도 괜찮은 삶을 살고 있는 사람들이 꽤 많다는 것을 의미한다. 해서, 흔히 우린 이들을 '한 사회의 든든한 버팀목'으로 비유를 하며, 이들이 많아야 국민이 보다 행복해질 수 있다고 말하기도 한다. '다수의 국민들이 중산층에 속하는 나라'가 더 행복할 가능성이 높다고 보는 것이다. 하지만 현재 한국 사회는, 가까운 내 주변인은 물론 스스로조차 중산층이 아닌 하류층으로 인식하는 경우가 많다. 조사 결과를 보더라도 전체 10명 중 3명(29.3%)만이 스스로를 중산층이라고 생각하고 있었고, 이러한 인식은 지난 2015년 이후 수년째 지속되고 있는 중이다 (27%(2015) → 29.9%(2017) → 29.3%(2021)).[39] 특히나 지난해부터 장기화되고 있는 '코로나 팬데믹' 사태는 이러한 한국 사회의 중산층 붕

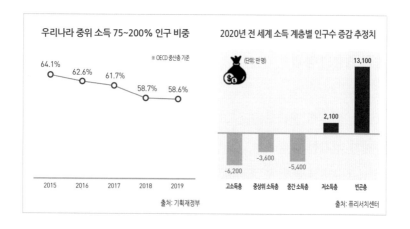

우리나라 중위 소득 75~200% 인구 비중
※ OECD 중산층 기준
64.1% 62.6% 61.7% 58.7% 58.6%
2015 2016 2017 2018 2019
출처: 기획재정부

2020년 전 세계 소득 계층별 인구수 증감 추정치
(단위: 만명)
13,100
2,100
-6,200 -3,600 -5,400
고소득층 중상위 소득층 중간 소득층 저소득층 빈곤층
출처: 퓨리서치센터

괴 현상을 더욱 가속화하고 있다는 지적이 많다.

사회 전반적으로 중산층이 줄어들고 있는 현상은 결국 '경제적 어려움'에 시달리는 사람들이 그만큼 많다는 해석을 가능하게 한다. 한국 사회에서 중산층이라고 하면, '내 집 마련'에 성공했거나 '부동산 보유자'를 떠올릴 정도로 그 기준을 '경제적 능력'으로 바라보는 경우가 상당하기 때문이다. 심지어 과거에 비해 직업(29.3%(2017) → 48.6%(2021))과 학력 수준(학벌)(11.1%(2017) → 24%(2021))이 중산층을 결정하는 기준이라는 인식도 더욱 강해졌다.[40] 최고의 명문대 타이틀을 거머쥐고, "낙타가 바늘구멍에 들어가기"에 가깝다는 취업문을 통과한 사람들이나 '중산층' 대열에 낄 자격이 있다고 보는 것이다. 이를 위해 절대적으로 필요한 '좋은 성적', '유창한 영어 실력', '봉사 활동', '해외 연수' 등의 '스펙'이 금전적 여유가 있어야 가능하다는 것은 전혀 비밀이 아니다.[41] 정리하자면, 경제력이 있어야만 중산층이나 그 이상의 계층이 될 가능성이 높고, 중산층 대열에조차 끼기 어렵다는 건 내가 지금 '그만큼의 재정적 여유가 없다'는 것

우리나라 중산층에 대한 이미지

64.5%

중산층이
많아야
국민이
행복해진다

77.3%

한국 사회에서
중산층이라는 것은
경제적으로 안정적인
사람이란 뜻이다

61.0%

한국 사회에서
중산층이라는 것은
일단 내 집 마련에
성공한 사람이란 뜻이다

79.8%

집안이 경제적으로
넉넉하면
자식들의 스펙은
좋을 수밖에 없다

71.6%

부모를
잘 만난 것도
스펙 중의
하나이다

(N=1,000, 단위: 동의율 %)

과 같은 맥락이란 뜻이다. 안타깝지만 한국의 일반 서민들에게 '중산층'은 이제 쉽게 다다를 수 없는 울타리 저 너머의 세계가 돼버렸다. '덜 행복한' 사람들, '행복하지 않은' 사람들이 우리 사회에 점점 더 많아지고 있다는 얘기다.

약자들의 상대적 박탈감, 〞
정당한 분노가 되다

'경제적 능력' 차이로 인한 '중산층 붕괴'라는 문제를 좀 더 면밀히 들여다봐야 하는 이유는 이것이 개개인의 사회적 활동과 문화생활의 향유에 직접적으로 영향을 주고, 은연중에 그로 인한 사회 문화적 계급 차이를 만들어내기 때문이다. 훨씬 많은 것들을 누리면서 살 수 있는 상류층의 삶과, 매 순간 한정된 자원으로 최선의 선택을 해야만 하는 일반 서민들의 삶은 마치 다른 세계를 사는 것처럼 완벽하게 다른 모습일 가능성이 높다. 그래서 우리는 통상, 자원의 선택 스펙트럼이 넓은 상류층을 가리켜 무의식적으로 '강자'라는 타이틀을 씌우고, 그렇지 못한 일반 서민들을 에둘러 '약자'라 규정하곤 한다. 근본적으로 다른 삶의 환경과 자원의 상대적 희소성에 따라 이 둘의 입장 차이가 분명하게 나뉘기 때문이다. 《약자를 위한 현실주의》의 저자, EBS의 이주희 PD는 자신의 책에서 강자는 "자신의 의지"에 따라 상황을 "만들어내고" 약자는 주어진 상황에 "적응해야만" 하는 존재라고 말한다. 자기가 '선택한 대로' 행동하는 것이 강자라면(왜? 선택지가 많으니까!) 약자는 '강자의 선택에 따라' 자신의 전략을 수정해야만 하는 존재라는 것이다(그만큼 선택지가 없어서).[42] 애초부터, 강자와 약자 이 둘의 차이는 '선택의 자율성'과 '기회'가 담보되는 '자원의 한계량'에 따라 결정돼버린다는 것이다. 이제 한국 사회에서는 약자가 스스로의 '노력'과 '실력', '열정'만으로 강자들의 사회로 진입하기란 '정말' 어려워졌다.

문제는, 이러한 입장 차이를 직·간접적으로 확인하게 되는 순간을 맞닥뜨릴 때다. 중산층의 붕괴로 절대다수가 '약자'인 한국 사회에서 자의적·타의적으로 이어진 수많은 연결 고리를 통해 스스로가 약자임을 확인하게 될 때의 상대적 박탈감은, 현재의 상태를 개선하거나 더 나은 미래를 꿈꾸게 할 동력을 완전히 무너지게 만들기도 한다. 단적인 예로 사회 전반적으로 '계층 상승'에 대한 기대감이 현저하게 낮아지고 있는 점을 꼽을 수 있다. 물론, 개개인이 상류층으로(61.3%) 또는 중산층으로(58.1%) 올라가고 싶어 하는 '계층 상승' 욕구는 꽤 강하다.[43] 하지만 노력하면 성공할 수 있다는 희망보다는 한번 가난해지면 평생 가난하게 살아야 한다는 절망감으로 중산층이란 보편적 삶에 대한 바람조차 기대하질 못하는 것이 현실이다. 실제 우리나라의 일반 서민들이 중산층으로 올라갈 수 있는 기회가

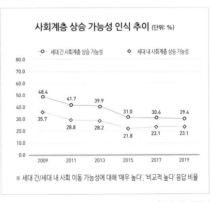

사회계층 상승 가능성 인식 추이 (단위: %)

○ 세대 간 사회계층 상승 가능성   ◇ 세대 내 사회계층 상승 가능성

	2009	2011	2013	2015	2017	2019
세대 간	48.4	41.7	39.9	31.0	30.6	29.4
세대 내	35.7	28.8	28.2	21.8	23.1	23.1

※ 세대 간/세대 내 사회 이동 가능성에 대해 '매우 높다', '비교적 높다' 응답 비율

출처: 통계청, 사회조사

충분히 많다고 생각하는 사람은, 겨우 14.9%에 불과했다.[44] 평범한 삶, 좀 더 나은 삶을 누릴 기회조차 주어지지 않는 현실에 서민들이 어떤 감정을 느끼고 있을지는, 굳이 말하지 않아도 짐작할 수 있을 것이다.

경제적으로 더 나은 삶을 기대하지만 그러한 바람을 이루기가 쉽지 않다는 현실 인식이 주는 괴리감은 상당한 부정적 감정과 정서를 생산한다. 하지만 일반 대중들의 부정적 감정과 정서를 유발하는 요인은 이뿐만이 아니다. 대중들의 분노를 더욱 자극하는 요인은, 우리와 전혀 다른 삶을 살고 있어 때론 '동경의 대상'이 되기도 하는 사회 지도층과 상류층이라 불리는 사람들이, 그다지 도덕적이지도, 타의 모범이 되는 삶을 살고 있지도 않다는 사실에 있다. 많은 것들을 누리며 살고 있지만, 정작 그만큼의 '사회적 의무'를 다하지 않는 모습으로 대중들의 존경을 받거나(동의, 8.4%), 국가 위기에 솔선수범을 한다거나(동의, 11%), 공공의 이익을 위해 노력을 기울

$ 우리나라 상류층에 대한 이미지

15.4%	3%	12.2%	73.4%
우리나라에는 사회에서 누리는 만큼 사회적 의무를 다하는 훌륭한 상류층이 많다	우리나라 상류층의 부의 축적 과정은 투명하고 공정하다	우리나라 상류층은 대부분 자신들의 노력으로 성공한 사람들이다	우리나라 상류층은 대부분 부모나 조상의 부와 명예를 물려받아 성공한 사람들이다

(N=1,000, 단위: 동의율 %)

인다(동의, 9%)는 인식은 거의 찾아볼 수 없을 만큼, 그들에 대한 대중들의 평가는 거의 낙제점에 가깝다. 반면 상류층들이 '자신의 이익'은 결코 놓치는 법이 없다는 생각에는 무려 86.8%의 높은 공감을 보였다.[45] '사회적 의무'는 다하지 않지만 '자신의 이익'만큼은 절대 놓치지 않는 집단, 대중들은 이들을 현재 대한민국의 상류층으로 바라보고 있는 중이다.

여기에 더해, 그들이 현재 누리고 있는 부와 명예, 지위의 형성 과정이 운이나 편법으로 이뤄낸 것이란 인식이 대단히 높은 점도 그들을 탐탁지 않게 바라보는 주요 원인으로 꼽힌다. 부의 축적 과정이 그리 공정하거나 투명하지 않다고 생각하는 것이다. 그럼에도 여전히, 부와 권력을 이용해 수단과 방법을 가리지 않고 더 많은 부와 권력을 축적하며 이를 대물림하는 과정이 반복되는 현상은, 현재 우리 사회의 불평등을 야기하는 주요 원인으로 작용하고 있다.

누군가가 부당한 방법으로 부와 명예를 사회 전방위적으로 일궈내고 있다는 사실은, '성공한 상류층 삶'을 이루지 못했다는 심리적 결핍과 맞물려 대중들을 더욱더 무기력하게 만들고 있다. 특히나, 이런 상황을 개선할 마땅한 대안조차 없는 현실은, 개인 차원을 넘어 사회집단적인 무기력증을 심화하고 있다. 문제는 여기서 그치지 않는다. 이따금씩 적발되는 상류층의 불법적이고 탈법적인 행위들은 제대로 된 처벌을 받지 않는 경우가 부지기수다. 설사 처벌을 받는다 해도 그들의 부와 권력, 명예와 지위에는 별다른(아니, 아무런) 타격을 주지 않고 지나가는 경우가 흔하다. 부정부패를 저질러도 늘 처벌의 사각지대에 놓이는 경우가 많고, 심지어 부정부패로 얻는 반사이익이 죗값보다 훨씬 크기까지 하다. 하지만 일반 대중들에게 이런 일은 일어나지 않는다. 사소한 실수가 중대한 잘못이 되고, 억울한 사건이 계획된 범죄가 되는 일이 비일비재하다. 뭔가 공정하지 못하다.

탈리오 법칙이 적용되지 않는 사회 ''

사회 구성원이라면 누구나 이 정도는 마땅히 지켜야 한다는 기준을 사회적 합의를 거쳐 '강제'해놓은 규정이 있다. 바로 '법'이다. 법은 지킨다고 칭찬받을 일이 아니라, 당연히 지켜야 하는 의무다. 바꿔 말하면, 지키지 않았을 경우 응당 그에 따른 책임과 대가가 뒤따라야 하는 것도 '법'이다. 그런데 갈수록 한국 사회에서 법의 적용과 집행 과정이 이해하기 어려운 경우가 많아지고 있다(동의, 77.6%)[46]는 인식이 뚜렷하다. 심지어, 법 규정이나 내용 자체가 별로 공감이 되지도 않을뿐더러(동의, 73.2%),[47] 시대의 흐름이나 변화를 좇아가지도 못한다는 의견이 상당하다. 본래 법이라는 것이 그 법이 만들어질 당시의 사회·정치·경제·문화적 상황을 반영하는 것임을 감안하면, 대중들의 공감과 상식에서 동떨어진 '법'은 있으나 마나 한 존재로 여겨질 가능성이 매우 크다. 그렇다면 대중들은 왜 이러한 판단을 하게 된 걸까? 여기에는 몇 가지 명확한 이유가 있었다. 첫째, 법이 약자보다는 강자의 편에 서는 경우가 점점 더 많아지고 있고(76.3%, 중복 응답), 둘째, 돈 있는 사람들은 '돈'으로 해결하는 경우가 빈번해지고 있으며(57.5%(2018) → 73.0%(2021)), 셋째, 법이 권력의 영향을 받는다(47.7%, 중복 응답)[48]고 생각될 정도로 '법'이 힘 있는 자들의 편에 서 있는 것 같다는 확신 때문이었다. 한마디로 누구나 법에 의해 보호를 받을 것이란 기본적 신뢰가 깨지고 있다. 반면 돈, 권력에 따라 법적 절차의 불공정성이 높아질 것이란 의심이 상당한 것이다. 피해 정도에 따른 적절한 배상과 가해자에 대한 동일 수준의 처벌을 원칙으로 하는 탈리오 법칙(동해보복법)이 깨지고 있는 것이다.

고대 바빌로니아의 《함무라비 법전》에는 우리에게 너무나 익숙한 상해법이 있다. 눈을 쳐서 빠지게 했으면 그의 눈을 빼고(법 196조), 사람의 이를 부러뜨렸으면 그의 이를 부러뜨린다(법 200조)는 조항이다. [49] 동해보복법同害報復法을 대표하는 이 두 개의 조항은, 보기엔 다소 거칠고 소름이 끼치지만 잔인하게 보복을 하라는 단순한 의미만을 담고 있지는 않다. 보복의 상한선, 즉 '생명에는 생명, 눈에는 눈, 이에는 이'라는 처벌의 대상과 범위를 제한함으로써, 가해와 보복의 균형을 취하고자 하는 의도가 담겨 있다. 개인의 응징으로 무법 상태의 사회가 만들어지는 것을 방지함과 동시에 인과응보라는 정의로움을 실현시키는, 당시의 시대적 상황을 감안하면 나름 합리적인 조항이었던 것으로 보인다.

그런데 이 법, 무려 3,900여 년 전의 법이다. 급변하는 현대 사회에서 이와 같은 처벌(규제) 방식은 불가능하겠지만, 뭔가 곰곰이 생각해볼 만한 지점이 있다. 바로, '피해에 대한 동일 수준의 처벌'이란 내용이다. 모든 법이 그렇듯, 이 조항 또한 사회정의와 질서유

지라는 대의의 목적이 있었다. 하지만 가장 근본적인 목적은 보복의 악순환을 막고 억울한 피해를 막기 위함이었을 것이다. 그런데 2021년 우리 사회가 따르는 법은 그렇지 못하다. 존재는 하나, 역할이 미흡하다. 피해를 입은 사람은 있는데, 잘못한 사람은 없거나, 아무도 처벌받지 않는다.[50] 법의 가장 중요한 가치인 '정의'와 '공정성'이 의심되고, 부당한 응징에 대한 반발감과 분노는 더욱 커지고 있는 상황이다.

복수심, '현재' 상처에서의 "
탈출 에너지

사회적 동물로서 부당 행위에 대해 인간이 느끼는 가장 원초적이고 일차적인 욕구 중 하나가, 복수다. 그래서 앙갚음으로, 부당 행위에는 대가가 따른다는 것을 보여주는 행위에 때론 신나게 응원의 박수를 보내기도 한다. 유치하지만 그래야만 기울어진 마음 상태와 관계를 바로잡을 수 있기 때문이다. 물론 엄연히 개인 차원의 응징은 금기 사항이다. 해서 우린 이를 '국가', 즉 '공권력'에 위임해 '나' 대신 '국가'가 복수를 해달라는 암묵적 합의를 했다.[51] 하지만 그 계약이 모래성처럼 무너지고 있는 현실을 다 같이 목도하고 있다. 그리고, 그럼에도, 대다수가 한목소리를 내고 있는 법률 개정과 관련한 주장(필요하다면 국민의 의견을 수렴해 법 자체가 개정될 필요가 있다 – 동의, 91.5%)[52]은 좀처럼 받아들여지지 않는다. 청와대 청원 게시판의

20만 명 이상의 동의를 얻은 총 257건의 청원 글 중 사건·사고의 피해자 보호, 가해자 처벌, 진상 규명 등을 요구하는 청원 글은 무려 47.1%(121건)나 된다.[53] 국가가, 공권력이, 나 대신 제대로 된 뭔가를 해주지 못하고 있다는 인식이 점점 더 강해질 수밖에 없는 것이다. 피해자는 여전히 억울하고 끔찍한 기억에서 벗어날 수가 없는데, 가해자는 평범함 그 이상의 삶을 그 누구보다 '더 잘' 영위하며 산다. 억울하다.

법은 멀고 주먹은 가까운 현실에서 내 손으로 정의를 실현할 수 없는 상황이 누적되면, 대중들은 자신들이 분노하는 대상에 복수를 꿈꾼다. 복수가 잃어버린 것 자체를 회복시키거나 되돌려주진 못하지만, 자존감과 자신감, 자부심, 명예와 같은 개인의 상실감은 어느 정도 회복해주리란 믿음이 있기 때문이다. 그리고 대중문화는 이런 대중의 복수 욕망을 대리해주었다. 우리가 슈퍼히어로에 열광했던,

tvN 〈악마판사〉 가상의 디스토피아 대한민국을 배경으로 전 국민이 참여하는 라이브 법정 쇼를 통해 정의에 대한 메시지를 전하는 드라마

SBS 〈모범택시〉 택시 기사가 억울한 피해자를 대신해 복수를 완성하는 사적 복수 대행극

tvN 〈빈센조〉 이탈리아 마피아 변호사가 베테랑 독종 변호사와 악자들을 대변하며 악당의 방식으로 악당을 쓸어버리는 이야기

2021년 한 해 〈빈센조〉, 〈모범택시〉 등 사회적 약자를 대변하는 안티 히어로로 복수극에 환호한 이유도 이러한 믿음과 크게 다르지 않을 것이다.

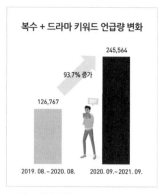

출처: 소셜 분석 플랫폼 Lucy 2.0 복수+드라마 키워드 언급량

보부아르와 함께 20세기가 낳은 위대한 여성 사상가 시몬 베유는 그의 저서 《중력과 은총》에서 복수의 욕구는 균형을 회복하고자 하는 본질적인 욕망이라고 설명한다.[54] 슬픔, 굴욕, 분노로 인한 생채기가 마음에까지 스크래치를 덤으로 내기 전에, 상처를 극복하고 고통을 잊고 아프지 않기 위해 노력을 기울이는 힘의 원천이란 것이다. 문학평론가 정여울 작가는 그녀의 책, 《늘 괜찮다 말하는 당신에게》 관련 인터뷰에서 스스로에게 상처가 됐던 상대를 생각하면 복수하고 싶은 마음에 행복한 사람이 되고 싶었고, 멋지게 사는 모습을 보여주고 싶었다고 말한다. 상처를 극복하기 위해 포기하지 않고 싸우는 것이기에 복수가 꼭 나쁘지만은 않다고 바라본 것이다.[55] 서울대학교 심리학과 곽금주 교수 역시 복수하고 싶은 욕망의 주요 원천, '분노'라는 감정은 현재 직면했거나 향후 닥칠 문제의 위협을 극복하도록 돕는 일종의 '생존 메커니즘'이라고 언급한다.[56] 현재 상황이 뭔가 잘못됐다는 사실을 자신에게 알려주는 '신호'이자 문제를 직시하게 해주는 '감정'이란 것이다. 잘 들여다보면, 모두 하나의 공통점을 갖고 있다. '복수'하고 싶은 욕망, 이 욕망의 원천, '분노' 모두 '상황에서의 극복'을 전제로 하고 있다는 점이다. 상처를 극복하

는 것을 포기하지 않고, 훨씬 행복해지기 위해 노력하려는 원동력이 될 수 있다는 뜻이다. 불확실성을 감수하기 어려워 상황 자체를 회피하려고만 하는, 회피할 수밖에 없는 현재 많은 대중들이 주목해야 할 메시지로 보인다.

"복수가 나쁘지만은 않아요. 어찌 보면 용서가 비겁한 것일 수 있어요. 용서는 본능적인 감정도 아니고 싸움을 포기해버리는 거죠. 그런데 상처를 극복하는 사람들은 포기하지 않고 싸우는 사람이라고 생각해요. 그때 복수심은 동력이 되죠. 그런데 복수심보다 더 중요한 건 자기 인생을 사는 거예요. 모두가 자기 인생을 살아야 한다고 얘기하지만 사실 어려워요. 내가 원하는 걸 발견하고 새로 만들어가는 과정이 필요해요."

-정여울, 인터파크 북DB 작가 인터뷰 중에서

So what? "
시사점 및 전망

유독 2021년은 한국 사회에서 그 어느 때보다 분노로 인한 적대적 감정 표출과 복수 판타지가 대중들의 내면에 가득했던 한 해였다. 복수하고 싶은 욕망에 뿌리가 되는 '분노' 유발 상황이 그만큼 많은 해였다는 뜻이다. 영국 배스대학교 경영학과 명예교수이자 조직 행동 분야에서 명성을 쌓아온 스티븐 파인먼은 기본적으로 복수심을 유발하는 감정은 일곱 가지 감정으로 분류될 수 있다고 말한다.[57] ① 박탈감, ② 불평등/불공정/불공평한 느낌, ③ 배신감, ④ 착취당한 느낌과 이용당한 느낌, ⑤ 좌절감, ⑥ 수치심, ⑦ 시기/질투다. 아이러니하지만, 2021년 대한민국 사회를 관통한 대다수의 부정적 감정의 종류와 그 결이 매우 유사하다. 이를 감안해 살펴보면, 몇 가지 중요한 인사이트를 도출해볼 수 있다.

첫째는, 스티븐 파인먼 교수가 언급했던 다양한 부정적 감정들을 '대리 해소'하려는 현상이 당분간 지속될 가능성이 높다는 점이다. 정의를 구현하는 데 있어 공권력의 한계가 유난히도 많이 드러났던 2021년의 문제는, 단기간에 해결될 사안의 것이 아니다. 하지만 '빈틈이 생기는 상황' 자체를 확인한 대중들은 그동안 억눌렸던 사안에 대한 복수와 사법 정의에 대한 욕망을 더욱 뜨겁게 분출할 가능성이 높다. 내 손으로 이를 해결할 순 없지만, 타인을 통해, 다른 무언가를 통해 이를 해소할 대안을 적극적으로 찾을 가능성이 높다는 뜻이다. 가장 우선적으로는, 내가 느끼는 부정적인 감정을 이해하고 함께 공감해줄 수 있는 '내 편'이 존재하는 커뮤니티(예: 보배드림, 블라인드 등)를 중심으로 정의 구현에 어긋나는 현상이나 문제를 폭로하는 사례가 증가할 가능성이 높다. '비난'과 '비판' 그 한 끗 차이의 댓글들을 통해 부당한 사례들이 마치 해결이 된 듯한 착각과 묘한 통쾌함을 전달받을 수 있기 때문이다.

또 다른 한편으로는 타인의 시선을 의식하지 않고 웃고, 울고, 화를 낼 수 있는 문화 콘텐츠 소비를 통해 스스로의 부정적 감정을 해소하고, 삶의 위안을 얻는 방법을 선택하는 경우도 많아질 것으로 보인다. 문화 콘텐츠는 부정적인 감정의 해소에 매우 유용하다. 때문에 법과 공권력의 정의 구현이 충분하게 실현되지 않는 이상 대중문화 콘텐츠에 감정을 이입하는 현상은 앞으로도 지속될 가능성이 높다. 특히나 가벼운 마음으로 즐길 수 있는 예능 콘텐츠에서 무거운 주제를 웃음으로 승화시키는 작업들은 대중들에게 깊은 위안

과 위로를 건네줄 것으로 보인다. 실제로 예능 프로그램은 많은 대중들을 가장 많이 웃게 하는 대상으로, 개인의 부정적인 감정을 해소하는 데 이미 상당한 도움을 주고 있는 중이다.[58]

출처: MBC 〈놀면 뭐하니?〉

두 번째 시사점은, 더욱 엄격해진 대중들의 눈높이가 과연 어디로 향할 것인지에 대한 것이다. 어느 때보다 도덕성과 공정성, 사회적 바람직함을 지향하는 대중들의 태도는 더욱 견고해지고, 대중들의 민감한 더듬이는 더더욱 강해지고 있다. 이렇게 되면 부도덕하고 불공정하고 불합리한 모습이 발견되는 기업, 판매자에 행동으로 대응하는 것을 주저하지 않게 될 가능성이 높다. 실제로 '기업'들이 저지른 성차별과 갑질, 소비자 비하, 불법 경영 행위 등의 논란이 있을 경우 10명 중 9명 이상(동의, 90.6%)이 해당 기업의 제품이나 서비스를 즉시 불매할 의향이 있다고 밝혔고, 이러한 불매운동과 보이콧을 대중들의 생각을 드러낼 수 있는 중요한 수단으로 여기고 있었다(동의, 91.5%).[59] 그만큼 논란이 되는 사안들이 소비자의 의사 결

정에 매우 중요한 영향을 끼치
고 있음을 알 수 있는 대목이다.
이런 측면에서 앞으로 기업들은
'공정성'이나 '도덕성'과 관련한
사안들을 중요한 과제로 여길
가능성이 높다. ESG 경영 방침
과 관련해 '화제성'보다 '진정성'
과 관련한 대중들의 요구가 많

쿠팡 화재 사건 이후 노동자 사망, 산재 사건에
대한 분노로 이어진 '쿠팡 탈퇴' 인증 운동

출처: 트위터

아지고 있는 현상을 민밀히 들여다봐야 할 이유일 것이다.

　세 번째 시사점은, 공동체에 대한 것이다. 앞서 분노를 자아내는
여러 문제에 피해자가 당한 방식을 고스란히 갚아주며 묘한 카타르
시스를 안겨준 콘텐츠들이 큰 인기를 얻은 바 있다고 언급했다. 〈모
범택시〉나 〈빈센조〉 등의 드라마다. 그런데 놓치지 말아야 할 것이
있다. 대중들이 열광하는 이러한 콘텐츠가 정말 강조하고자 했던
내용이 '복수의 완성'은 아니란 사실이다. 진짜로 하고 싶은 이야기
는 '공동체의 연대'에 방점이 찍혀 있다. 대기업의 횡포에 속수무책
으로 당하기만 하던 세입자들이 힘을 모아 목소리를 내기 시작하고
(〈빈센조〉), 복수를 의뢰하는 범죄 피해자가 조금이나마 분노를 가라
앉히게 되고(〈모범택시〉), 도망만 다니던 데이트 폭력의 피해자가 현
재 상황을 정면으로 극복하기 위해 용기를 내게 된(〈이 구역의 미친 X〉)
이유는, 단순히 상대를 망가뜨리고 복수를 했기 때문만은 아니다.
그보다는 온전히 '내 편'을 들어주고, 자신의 아픔과 슬픔을 함께 공
감해주는 사람들을 통해 위로와 위안을 얻었기 때문에 가능했던 일

이다. 바로 '공동체와의 연대'다.

　다행스러운 것은 공동체의 연대를 느낄 수 있는 일들이 우리 사회에 여전히 많이 일어나고 있다는 사실이다. 언뜻 보기에는 타인에 대해서는 무관심한 사람들로만 가득 찬 사회 같지만, 아직도 많은 사람들은 사회적 약자를 배려하고, 어려운 이웃을 위해 기꺼이 손을 내밀며, 자신의 이익보다 공공의 가치를 우선시하고 있다. 불공정하고, 불합리한 사건에 대해 함께 목소리를 내는 커뮤니티의 영향력도 우리 사회에 공동체 연대가 작동하고 있다는 것을 보여주는 사례다. 최근 하나의 사회현상처럼 퍼지고 있는 '돈쭐내기'도 비슷한 맥락이다. '돈'+'혼쭐'의 변형된 표현인 '돈쭐내기'는 사회적으로 정의롭고, 따뜻한 일을 하는 '착한' 식당과 가게, 기업의 물건을 일부러 구입함으로써 돈으로 혼내줘야 한다는 뜻을 담고 있다. 실제로 암 투병 고객에게 선물 가격은 '완쾌'라면서 편백 방향제를 보내준 판매자와, 실직 후 일곱 살 딸의 생일을 맞은 아빠에게 공짜 피자를 선물한 인천의 피자 가게, 소년 가장 형제에게 공짜 치킨을 제공한 마포구 식당 등의 사연은 대중들로부터 호된(?) 돈쭐을 받은 일화로 꼽힌다. 이러한 '돈쭐내기'가 더욱 특별하게 느껴지는 또 다른 이유로는 이것이 MZ세대에 의해 주도되는 현상이란 점에 있다. 미래 세대로 일컬어지는 MZ세대가 어떤 세대보다 공동체 연대를 중요하게 생각하고 적극적으로 행동에 나선다는 것은, 앞으로의 한국 사회에 '희망'이 있다는 것을 의미하기 때문이다. 《당신이 잘되면 좋겠습니다》의 저자 김민섭 작가는 그의 책 소개 인터뷰에서 '돈쭐내기'는 "잘되기를 바라는 대상을 발견하면 잘되도록 만들고야 마는

출처: 빅카인즈 '돈쭐' 연관 검색어 워드 클라우드 분석[60]

요즘 세대의 선함이 연결의 힘을 통해 나타나는 모습"[61]이라고 설명했다. 앞으로 공동체의 연대를 통해 선한 의지와 행동들이 더더욱 기대되는 이유다.

네 번째이자 마지막으로 짚어볼 시사점은, 지금의 한국 사회를 살고 있는 대중들의 '정신 건강'에 관한 것이다. 현재 우리 사회에 가득한 '분노'와 같은 부정적 감정들은 개인 스스로의 자존감을 낮추고, 고립시키며, 미래에 대한 희망과 기대를 꺾어버리고 있다. 당연히 개인의 정신 건강? 좋을 리 없다. 실제로 대중들이 스스로 평가한 '정신 건강' 점수는 평균 100점 만점에 65.6점으로,[62] 동일 항목을 조사한 그 어떤 해보다 낮은 수준이다. 게다가 코로나19로 인한 '코로나 블루' 경험도 이미 뚜렷한 증가세를 보이는 상황이다 (35.2%(2020) → 48.6%(2021)).[63] 우울증과 무기력증, 공황장애, 분노 조절 장애와 같은 증상을 겪는 사람들이 생각보다 우리 사회에 꽤 많이 존재할 가능성이 높다는 뜻이다. 이쯤 되면 '정신 건강' 이슈에

국내 멘탈 헬스케어 관련 주요 스타트업

회사명	서비스	내용
왓슨앤컴퍼니	포커스	패치의 전류를 통해 전두엽 기능 개선, 스트레스 완화
포티파이(40FY)	마인들	온라인으로 스트레스 패턴 검사, 코칭 솔루션 제공
휴마트컴퍼니	트로스트	심리 상담 메신저, 비대면·익명 상담 제공
옴니씨앤에스	가상현실(VR)	ICT 기반 플랫폼, 스트레스 조기 감지·예방 관리 솔루션
메타헬스케어	마인드인	카메라를 통해 심리 상태 측정, 맞춤형 해결책 제시

출처: 코로나 장기화에 훗 멘탈케어 스타트업 급성장…국내는?(2021. 02. 13.), 머니투데이

보다 현실적이면서 체계적인 관리 및 대응이 전방위적으로 필요한 시점이라 할 수 있겠다. 이미 국내 많은 기업들도 대중들의 멘탈 헬스케어에 도움이 되는 다양한 솔루션들을 연구, 개발 중에 있는 모습이다.

하지만 무엇보다 가장 시급한 것은 이러한 '정신 건강' 문제를 바라보는 대중들의 인식 전환, 즉 스스로가 자신의 '마음의 병'을 솔직하게 꺼내놓을 수 있는 환경을 조성하는 것이라 할 수 있겠다. 더 이상 정신 건강 문제가 나와는 전혀 다른 세상에 사는 사람들만의 문제는 아니란 점을 이제는, 인지해야 할 필요가 있어 보인다.

#능력주의 심화
#가난한 자녀 세대

✎ 2021 중산층 이미지 관련 인식 조사

'능력주의' 심화 현상 >>>

한국 사회에서 중산층인지 아닌지의 구분은 주로 경제적 능력으로 결정되는 경우가 많다. 특히, 직업과 학력을 계층 구분의 중요 기준으로 삼는 경향이 커지면서, '능력주의'에 대한 믿음도 점점 심화되고 있는 추세다. 학벌과 직업이 곧 능력이라는 등식 관계가 더욱 공고해지고 있는 셈이다. 그래서 최근, 우리 사회의 중산층 기준에 대한 비판과 함께 능력주의 심화 현상에 대한 자성의 목소리가 높아지고 있다. 능력주의로 인한 사회 분열 현상을 꼬집는 마이클 샌델의 《공정하다는 착각》이 베스트셀러가 된 이유이기도 할 것이다.

2022년 대선 출마를 선언한 후보자들도 한국 사회의 '능력주의'

신화의 모순을 깨뜨리기 위한 각종 개혁 방안을 제시하고 있다. 부동산은 물론 정치·경제·사회·문화 등 다방면에 걸친 정책들이 쏟아지고 있다. 하지만 아직까지 '학벌=능력'이란 등식을 깰 혁신적인 대안은 보이질 않고 있다. 그런 면에서 최근 전방위 교육개혁을 실시한 프랑스의 사례는 한 번쯤 참고할 만한 정책으로 보인다. 프랑스의 경우 정계, 재계, 교육계, 관료계 등을 독점하는 엘리트주의의 상징, '그랑제콜 위 그랑제콜'이라 불리는 ENA(국립행정학교)가 설립 76년 만에 폐교되는 등 능력주의 사회에 경종을 울리는 개혁의 움직임들이 이뤄지고 있다. 아직은 프랑스 내에서 이와 관련한 상당한 우려와 비판의 목소리가 제기되고 있지만, 사회 개혁과 관련해 각계각층의 이목을 집중시키고 있다는 것 자체만으로도 의미 있는 개혁 방안으로 볼 수 있다. 2022년 대선을 앞두고 우리 사회에서는 능력주의라는 신화에서 벗어날 어떤 개혁 방안들이 나오게 될지 귀추가 주목된다.

부모 세대보다 가난한 자녀 세대 >>>

현재 한국 사회는 '계층 상승'에 대한 기대감이 현저하게 낮은 상황을 직면하고 있다. 일반 서민이 중산층으로 올라갈 수 있는 기회가 충분히 많다(동의, 14.9%)거나, 노력하면 성공할 수 있다(동의, 24.0%)는 인식이 매우 미미한 수준이다. 그래서일까? 우리나라는 미국과 함께 '자녀 세대가 부모 세대보다 가난할 것'이라는 비관적 전망이 가장 두드러진 국가로 꼽히고 있다. 미국 여론조사 기관 퓨리서치센터가 총 13개국(선진국, 총 1만 8,850명)을 대상으로 조사한 내용에 따르면, 한국은 직전 조사 대비 비관적 전망 응답률의 상승 폭이 6%p(54%(2019) → 60%(2021))를 기록해, 11%p 상승한 이탈리아와 8%p 상승한 미국, 독일 바로 뒤를 이은 것으로 나타났다.[65] 한국인 10명 중 6명이 자녀 세대가 부모 세대보다 가난할 것이라고 비관한 이번 조사 결과는, 2013년 조사 이래 역대 최고치라고 전해진다.

자녀 세대 경제 상황에 대한 13개국의 전망							
	2013 %	2014 %	2015 %	2017 %	2018 %	2019 %	2021 %	1919~1921 change
이탈리아	73	67	66	65	61	61	72	▲11
미국	62	65	60	58	57	60	68	▲8
독일	64	56	58	52	52	42	50	▲8
대한민국	37	43	52	55	53	54	60	▲6
그리스	67	65	-	72	69	61	66	▲5
캐나다	64	-	64	69	67	66	68	▲2
스페인	65	62	61	69	72	72	71	▼1
프랑스	90	86	85	71	80	79	77	▼2
일본	76	79	72	72	76	79	77	▼2
네덜란드	-	-	-	54	54	59	54	▼5
호주	53	-	64	69	64	65	60	▼5
스웨덴	-	-	-	46	50	52	43	▼9
영국	74	72	68	68	70	74	64	▼10

출처: 퓨리서치센터

#무전무업
#탈스펙

✐ 2021 (탈)스펙 및 취업 관련 인식 조사

무전무업의 시대 >>>

'돈이 없으면 취업을 할 수 없다'는 뜻의 '무전무업無錢無業'이란 용어
가 취준생들 사이에서 오르내리고 있다. 갖가지 취업 스펙(자격증, 어
학연수 등)에 들어가는 비용이 워낙 크다 보니, 소위 '흙수저 취준생'
들은 (취업 준비를 위해 아르바이트까지 해야 하는) '취업 준비 준비생' 과
정까지 거쳐야만 하는 상황이다. 그래서 최근 이러한 청년들을 위
해 각종 구직 활동 지원금이나 주거 비용 등을 지원하는 정책과 예
산이 다양해지고 있다. 물론, 아직까지는 정부의 청년 정책들이 실
질적으로 청년들에게 도움을 주고 있는지에 대한 의견이 분분하다.
무엇보다 현금성 지원에 그칠 것이 아니라 일자리의 양과 질을 늘

리는 것이 더 시급하고, 공정
한 채용 방식 도입 등의 근본
적 변화가 전제돼야 한다는 의
견이 많다. 이에 정부는 2021
년 3월, 지역 주도형 청년 일
자리와 공공 기관 체험형 일자
리 등을 제공하고, 동시에 취
업 지원 서비스 등을 지원하겠
다는 '중앙 부처·지자체 청년
정책 시행 계획'을 발표한 바

출처: 2021 중앙 부처·지자체 청년 정책 시행 계획

있다. 이를 통해 2021년 한 해 총 101만 8,000명의 청년들이 고용
지원 정책의 수혜를 받을 수 있을 것으로 기대되고 있다. 향후 정부
의 청년 정책들이 어느 정도의 실효성을 거둘 수 있을지 관심이 모
아지고 있다.

탈스펙 채용, 취업 전쟁의 해결책이 될 수 있을까? >>>

한편 점차 과열되는 스펙 경쟁을 해결할 방안으로 등장한 시스템이
하나 있다. 바로 '탈스펙 채용 방식'이다. 학벌, 자격증 같은 '스펙'을
보지 않고 지원자의 인성이나 경험, 잠재력 등을 평가하겠다는 취
지의 채용 제도로, 실제 삼성, LG, SK 같은 대기업뿐 아니라 금융

권에서도 최근 '탈스펙 채용' 바람이 불고 있다. 사실상 SKY(서울대, 고려대, 연세대) 졸업생만 뽑아 가던 관행이 사라지고, 실무 능력과 금융 이해도를 꼼꼼히 따지는 고용 트렌드가 반영되고 있다는 후문이다.[66] 다만, 정작 취업 준비생 사이에서는 이러한 '탈스펙 채용'을 제대로 시행할 기업이 그리 많지 않을 것 같다(동의, 80.7%)는 의구심이 많다. 실제 과거 '고졸 신화'가 많이 탄생했던 은행권에서는 최근 고졸 채용이 오히려 급감했다는 분석이 나오고 있다.[67] 그만큼 블

은행권 고졸 채용 현황

은행	2013년	2020년
산업은행	55명	5명
IBK기업은행 /수출입은행	2013~2020년 0명	
4대 시중은행	400명 대	약 100명 대

출처: 블라인드 채용의 역설? 은행권 '고졸 신화' 사라진다 (2021.08.03), 파이낸셜뉴스

라인드 채용의 효용성에 의문이 많이 제기되고 있는 상황으로, 심각한 취업 전쟁의 해결을 위해선 보다 다방면의 정책 고민이 필요할 것으로 보인다.

#사법 불신
#면죄부 논란

📎 2021 '법' 관련 인식 조사

'법대로 하자'의 모순 >>>

흔히 분쟁이 발생했을 때 "법대로 하자"는 말을 자주 사용한다. 이 말의 배경에는 법으로 해결하는 것이 '그나마' 공정한 방식이라는

인식이 깔려 있기 때문일 것이다. 하지만 한국 사회에서, "법이 정말 공정한가?"라는 물음에 긍정적인 답변을 기대하기는 어려워 보인다. 2021년 8월 OECD에서 발간한 '2021 한눈에 보는 정부 보고서'에 따르면, 한국의 사법 시스템 및 서

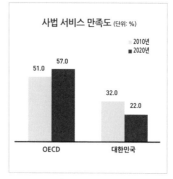

출처: OECD, Government at a Glance 2021

비스 만족도는 단 22%에 불과했다. 이는 OECD 회원국 평균치인 57%의 절반도 못 미치는 수치이며, 심지어 2010년 조사에 비해서도 신뢰도가 더욱 감소한(32%(2010) → 22%(2020)) 수치였다. 우리나라가 '유전무죄, 무전유죄'의 사회이며(동의, 81.8%), 오히려 법이 약자에게 가혹하다(동의, 76%)는 인식이 반영된 결과로 이해해볼 수 있는 대목이다. 따라서 우리 사회에 팽배한 '사법 불신'을 해소하기 위해선 무엇보다 국민의 의견을 반영한 법 개정이 필요한 상황이다. 최근 정치권을 중심으로 논의되고 있는 다양한 법 개정안을 보다 면밀히 들여다봐야 할 이유일 것이다.

면죄부 논란의 몇 가지 조항 >>>

한편 몇몇 법 조항의 개정에 대한 논의도 활발하게 이뤄지는 추세다. 현재 우리나라 형법에는 "심신장애로 인해 전항의 능력이 미약한 자의 행위는 그 형을 감경할 수 있다"는 조항이 있다.[68] 그러다 보니 살인, 강간 등의 중범죄자에게도 감형이 적용되는 문제가 비일비재하게 일어나고 있으며, 특히 최근에는 아동 성범죄자가 '주취감형'으로 출소한 사례가 드러나면서 논란은 정점으로 치닫고 있는 상황이다. 반면 독일, 미국, 프랑스 등의 선진국에서는 '주취'로 인한 감형은 이뤄지지 않고 있다.

'주취 감형' 외에 '촉법소년' 조항과 관련된 문제 제기도 많아지고 있다. 현재 청소년 보호법상 만 14세 미만은 형사처벌을 받지 않고

있지만, 최근 5년간 소년
부에 송치된 '촉법소년'이
총 3만 9,694명에 달할
정도로 해마다 지속적인
증가세를 보이고 있다.[69]
많은 시민들이 형사처벌
연령을 현행(만 14세 미만)
보다 하향해야 한다(동의,

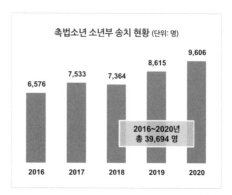

촉법소년 소년부 송치 현황 (단위: 명)

6,576 7,533 7,364 8,615 9,606

2016~2020년
총 39,694 명

2016   2017   2018   2019   2020

출처: 경찰청

79.2%)[70]는 주장에 동의하는 이유다. 2021년 상반기, 국회에서 촉법
소년 연령을 만 12세와 만 13세로 낮추자는 개정안을 발의하긴 했
으나, 아직까지 별다른 진전은 보이지 않고 있다. 법의 허점을 악용
한 범죄가 늘어나지 않도록, 더 촘촘한 법 개정이 필요할 것으로 보
인다.

#공감 콘텐츠
#오리지널 콘텐츠

🖉 2021 일상적 감정과 문화 콘텐츠 소비 관련 인식 조사

문화 콘텐츠를 보며
울고 웃는 사람들 >>>

대체로 한국 사회는 '감정'을 드러내기보다 숨기거나 참아야 한다는 인식이 강하지만, 영화나 드라마, 음악 등의 콘텐츠를 접할 때는 조금 예외다. 평소 참아왔던 감정을 '콘텐츠'를 통해 풀어내는 모습이 강하기 때문인데, 실제 마크로밀 엠브레인의 조사 결과를 보더라도 다양한 감정을 표현하는 주된 상황은 '문화 콘텐츠'를 소비할 때가 가장 많았다. 그래서 '공감'을 이끌어내는 콘텐츠는 대체로 흥행을 하는 수순을 밟는다. 최근 육아 예능 〈요즘 육아 금쪽같은 내 새끼〉가 2030세대에게 '힐링물'이 되는 이유도 마찬가지다. 연령과 시기

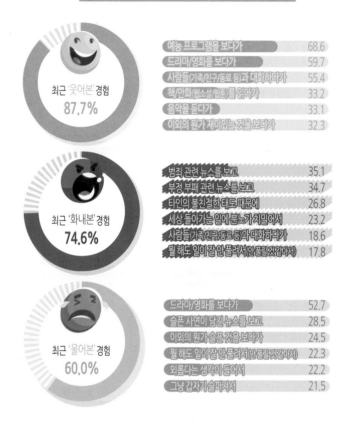

일상적 감정 표현 경험 및 상황(중복 응답)

최근 '웃어본' 경험 87.7%

예능 프로그램을 보다가	68.6
드라마/영화를 보다가	59.7
사람들(가족/친구/동료 등)과 대화하다가	55.4
책/만화/웹소설/웹툰를 읽다가	33.2
음악을 듣다가	33.1
이외의 뭔가 재미있는 것을 보다가	32.3

최근 '화내본' 경험 74.6%

범죄 관련 뉴스를 보고	35.1
부정 부패 관련 뉴스를 보고	34.7
타인의 불친절한 태도 때문에	26.8
세상 돌아가는 일에 분노·가치밀어서	23.2
사람들(가족/친구/동료 등)과 대화하다가	18.6
뭘 해도 일이 잘 안 풀려서(안 풀릴 것 같아서)	17.8

최근 '울어본' 경험 60.0%

드라마/영화를 보다가	52.7
슬픈 사연이 담긴 뉴스를 보고	28.5
이외의 뭔가 슬픈 것을 보다가	24.5
뭘 해도 일이 잘 안 풀려서(안 풀릴 것 같아서)	22.3
외롭다는 생각이 들어서	22.2
그냥 갑자기 슬퍼져서	21.5

상 아직 육아 경험이 없는 경우가 대부분이지만, 어린 시절 부모님에게 받았던 상처나 비슷한 가정환경의 사례를 보면서 위안과 공감을 얻는 경우가 많다는 것이 인기 요인이라는 분석이 지배적이다.[71] 최근 이슈가 되고 있는 넷플릭스 시리즈 〈D.P.〉의 인기 요인도 이와 비슷하다. 군대 내 문제를 리얼하게 보여줬다는 평가와 함께 대

한민국 군필자들의 '공감'을 얻으며 넷플릭스 인기 콘텐츠 상위에 랭크되고 있다. 이처럼 문화 콘텐츠를 소비하며 '감정'을 풍부하게 드러내는 사람들이 많은 만큼(동의, 76.8%) 앞으로 콘텐츠 제작에서도 '공감'은 중요한 키워드가 될 것으로 예상된다.

OTT 전쟁의 열쇠, 오리지널 콘텐츠 >>>

팬데믹 상황에서도 성장세가 가팔랐던 OTT 업계의 미래도 결국 '콘텐츠'의 완성도에 달려 있다 해도 과언이 아니다. 그래서 최근 OTT 업계에서는 소비자들의 니즈를 충족시키기 위한 매력적인 콘텐츠를 만들기 위해 열을 올리고 있는 상황이다. 하지만 넷플릭스, 디즈니플러스 등 글로벌 OTT와 비교하면, 현재 국내 OTT 서비스의 '오리지널 콘텐츠' 투자는 여전히 미미한 수준이다. 실제 업계 선

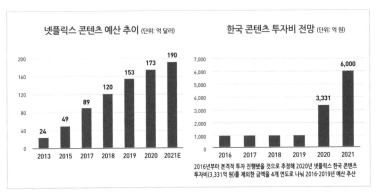

넷플릭스 콘텐츠 예산 추이 (단위: 억 달러)

한국 콘텐츠 투자비 전망 (단위: 억 원)

2016년부터 본격적 투자 진행됐을 것으로 추정해 2020년 넷플릭스 한국 콘텐츠 투자비(3,331억 원)를 제외한 금액을 4개 연도로 나눠 2016-2019년 예산 추산

출처: 넷플릭스, 한화투자증권 리서치센터

두 주자인 넷플릭스의 콘텐츠 투자액이 200억 달러(한화 약 22조 원)인 데 반해 국내 OTT 업계는 6,000억 원대에 불과하다.[72] 갈수록 '콘텐츠'의 중요성이 커지고 있는 상황에서 글로벌 OTT 업계와 어깨를 견줄 만한 양질의 콘텐츠 개발을 위한 적극적인 노력이 필요할 것으로 보인다.

#정신 건강
#관리 루틴

✐ 2021 외로움 및 코로나 블루 관련 조사

사회적 차원의
정신 건강 관리 필요성 >>>

코로나19가 장기화되면서 '코로나 블루(코로나로 인한 우울증)'를 넘어 '코로나 레드(분노)', '코로나 블랙(절망)'이라는 신조어까지 등장하고 있다. 최근 국회 입법조사처와 한국뇌연구원이 발표한 자료에 따르면 우울 위험군이 2018년 3.8%에서 2020년 22.1%로 증가했는데, 특히나 20대(25.3%)와 30대(32.1%) 같은 저연령층에서 더욱 그 문제가 심각한 것으로 나타났다.[73] 이렇게 정신 건강 문제가 갈수록 심각해지고 있지만, 아직까지도 정신 건강을 관리해야 한다는 인식은 낮은 상황이다.

정신 건강 관련 시스템 현황

국가	정신 건강 관련 서비스 지출액	정신 건강 질환의 국민 건강보험 보장률	인구 100,000명당 정신과 의사 수
호주	$400	100%	13.5
중국	$24	90%	2.2
홍콩	$316	90%	4.5
일본	$205	70%	11.9
한국	$71	70%	5.8
대만	$128	100%	7.5

출처: 얀센, 아시아 우울증 스펙트럼 분석 백서

국가 차원의 정신 건강 관리 시스템이 잘 마련되어 있지 않은 점도 지적된다. 2021년 3월 제약 회사 얀센에서 발행한 '아시아 우울증 스펙트럼 분석 백서'에 따르면, 우리나라는 성인 4명 중 1명이 우울증 등의 정신 질환을 겪고 있지만 실제 병원을 찾는 비율은 10%에 그쳤다. 또한 인구 10만 명당 극단적 선택으로 인한 사망자 수는 26.6명(2018년 기준)으로 OECD 회원국 중 가장 높다. 반면 정신 건강 관련 서비스 지출액은 평균 71달러로, 다른 나라들에 비해 현저히 적은 수준이다.[74]

정부 차원의 정신 건강 관리 중요성이 높게 평가되고 있는 만큼(동의, 71.0%) 향후 관련 분야의 예산 확보 및 적극적인 집행 정책의 수립이 필요할 것으로 보인다.

위드 코로나 시대의
'관리 루틴' >>>

정신 건강 관리는 사회적 차원뿐 아니라 개인적 차원에서도 중요해질 것으로 보인다. 사회적 거리두기 조처가 장기화되면서 기존의 생활 루틴을 잃고 우울감을 겪는 경우가 많아졌기 때문이다. 다행히 이러한 우울감이나 외로움을 해소하기 위해 운동을 하는 사람들이 많아진 점(22.9%(2019) → 30.7%(2021))은 긍정적인 현상이라 할 수 있겠다. 코로나19 이후 '확찐자'가 많아졌다는 우스갯소리가 많지만, 실제로는 국민들의 평균 체중은 늘어나지 않았고, 오히려 혈압과 공복 혈당이 내려갔다는 연구 결과도 있다. 이는 코로나19 장기화로 건강에 대한 관심이 높아졌고, 일부러 식습관을 관리하고 운동을 하는 사람들이 많아졌기 때문으로 연구자들은 추정하고 있다.[75] 이처럼 앞으로 다가올 '위드 코로나' 시대에는 자신만의 관리

목표 달성 시 페이백, 상금 등을 제공하는 앱 '챌린저스'

달리기, 걷기 등 러닝 프로그램을 제공하는 앱 '런데이'

루틴이 더 중요해질 것으로 예상되며, 특히 루틴을 효율적으로 관리할 수 있게 도와주는 리추얼 앱^{Ritual App} 관련 시장이 큰 주목을 받을 것으로 전망된다.

엠브레인 패널 빅데이터®

▶ 2021년 기준, 소득 수준에 따른 TV 시청 프로그램은 다소 상이한 특징을 보였다.

▶ 대체로 연소득이 높을수록 '뉴스'나 '시사다큐', '교양/정보', '스포츠' 관련 프로그램 시청 경험이 많은 반면,
다양한 부정적 감정/경험에 노출될 가능성이 있는 저소득 응답자의 경우 버라이어티/예능,
음악 프로그램 관련 시청 경험이 상대적으로 높은 특징이 관찰된다.

▶ 혹시 사람들은, 평소 스트레스를 버라이어티나 예능 등과 같이 '감정을 분출할' 프로그램을 보며
해소하고 있는 것은 아닐까?

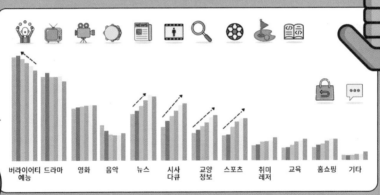

소득 수준에 따른 TV 프로그램 시청 경험률

○ 1천만 원 미만 ○ 1~3천만 원 미만 ○ 3~5천만 원 미만 ○ 5~7천만 원 미만 ○ 7천~1억 원 미만 ○ 1억 원 이상

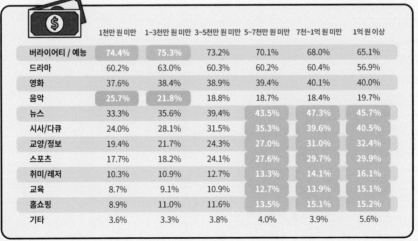

	1천만 원 미만	1~3천만 원 미만	3~5천만 원 미만	5~7천만 원 미만	7천~1억 원 미만	1억 원 이상
버라이어티 / 예능	74.4%	75.3%	73.2%	70.1%	68.0%	65.1%
드라마	60.2%	63.0%	60.3%	60.2%	60.4%	56.9%
영화	37.6%	38.4%	38.9%	39.4%	40.1%	40.0%
음악	25.7%	21.8%	18.8%	18.7%	18.4%	19.7%
뉴스	33.3%	35.6%	39.4%	43.5%	47.3%	45.7%
시사/다큐	24.0%	28.1%	31.5%	35.3%	39.6%	40.5%
교양/정보	19.4%	21.7%	24.3%	27.0%	31.0%	32.4%
스포츠	17.7%	18.2%	24.1%	27.6%	29.7%	29.9%
취미/레저	10.3%	10.9%	12.7%	13.3%	14.1%	16.1%
교육	8.7%	9.1%	10.9%	12.7%	13.9%	15.1%
홈쇼핑	8.9%	11.0%	11.6%	13.5%	15.1%	15.2%
기타	3.6%	3.3%	3.8%	4.0%	3.9%	5.6%

PART 2

CULTURE

세대 간 문화 재확산,
낮은 문해력

TREND MONITOR

TREND MONITOR

TREND MONITOR

新소비 공식, 경험의 세대 전이

세대 간 문화 재확산 현상, 가족 중심으로 재편된 소비의 공유

게임과 쇼핑에 합류한 부모 세대 ”

오랜만에 틱톡 앱을 열었다. 늘 보던 콘텐츠들 사이로 재미난 영상
이 하나 눈에 띈다. 쌍둥이 자매 같은데, 한 명은 몸이 좀 유연한 듯
하고 한 명은 춤도 춤인데, 오올! 아름답다. 엇! 그런데 해시태그 내
용이 의미심장하다. '모녀 댄스'란다. 누가 딸이고, 누가 엄마인지
맞혀보란다. '뭔 솔'? 그러니까 한 명은 딸이고, 한 명은 엄마란 얘
기? 어디서 사기를 치냐 따져 묻고 싶지만 번호를 모른다. 알고리즘
특성상, 연이어 유사 영상이 등장한다. 이번엔 웬 남성과 어린 학생
이 나온다. 오빠가? 형인가? 싶었는데, 또 속았다. 아버지란다. 도
대체 누구의 잘못인가? 관리를 게을리하여 또래보다 노안으로(?) 보

인 아들딸의 외모 문제인가(그러기엔 너무 완성형이다), 아님 그저 태어
나기를 초동안으로 태어나 옆에 서는 사람을 쭈구리(?)로 만들어버
리는 부모의 죄인가? 어쨌든 믿을 수 없을 정도로 젊어 보이는 엄
마, 아빠와 그들의 자녀가 함께 찍은 틱톡 영상은 높은 조회수를 기
록하며 화제가 되고 있다.

　뭐, 엄청난 동안이니까 화제성은 인정이다. 그리고 장성한 자녀가
있다는 점, 일단은 많이 부럽다. 좀 더 일찍 결혼을 했었어야 했나
하는 자괴감(?)이 들 만큼. 그러다 문득 뇌리를 스친 생각이 있다.
이 글을 쓴 필자 역시 X세대(1974~1983년생)로, '모녀 댄스'의 엄마와
얼추 비슷한 연령대다. 나이'가' 그렇다는 얘기다. 그런데 나는 미
처 생각하지 못했었다. 내가 자녀와 뭔가를 '함께' 하며 '영상'을 찍
고, 이를 누군가와 '공유'하며 같이 즐길 수 있는 그런 '관계'였단 사
실을.

이상하다. '라떼'만 해도 자녀 세대와 부모 세대가 뭔가를 함께 한다는 것은 참 낯선 일이었다. 지금도 그렇지만 과거에는 세대 차이, 세대 갈등이란 표현이 낯설지 않을 만큼 세대 간 인식 차이 문제가 훨씬 복합적인 문제들을 안고 전면에 등장한 경우가 많았다. 으레 부모 세대에게 자녀 세대는 배려심이 없고 자기들밖에 모르는 무모한 세대로 비춰졌다면, 자녀 세대에게 부모 세대는 무능력하지만 기득권을 놓지 않으려는 세대로 여겨지는 경우가 많았다. 지향성이 다른 세대의 당연한 부딪침일는지도 모른다. 특히나, 불과 몇 년 전만 해도 자녀 세대는 사회적·정치적인 측면에서 부모 세대와의 갈등이 가장 크다고 생각했었다면, 부모 세대는 생활 습관/식습관 등의 라이프 스타일(50.8%, 중복 응답)이나 소비 태도(47.8%, 중복 응답) 측면에서 자녀 세대와의 갈등을 느끼는 경우가 많았다.[1] 그런데 불과 5년 만에 뭔가 흐름이 조금 바뀐 것 같다. 낯설지만, 꽤 흥미롭다.

2021년 4월 한 매체가 재미있는 내용 하나를 게재했다. 게임 때문에 부모 자식 간 연縁을 끊을지 말지를 진지하게 고민하는 수많은 가

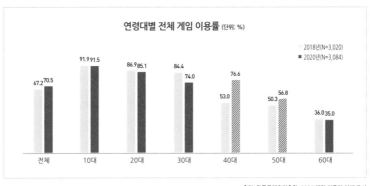

연령대별 전체 게임 이용률 (단위: %)

2018년(N=3,020)
2020년(N=3,084)

	전체	10대	20대	30대	40대	50대	60대
2018년	67.2	91.9	86.9	84.4	53.0	50.3	36.0
2020년	70.5	91.5	85.1	74.0	76.6	56.8	35.0

출처: 한국콘텐츠진흥원, 2020 게임 이용자 실태 조사

정이 있는 현실에서, 자녀보다 '더 열심히' 게임에 몰두하는 50대 엄마들을 취재한 내용이었다. 해당 게임은 부모님들의 '효도 게임'이라 불리는 '애니팡' 수준이 아니었다. 대세 중의 대세, '쿠키런'과 닌텐도 게임 '모여봐요 동물의 숲(일명 모동숲)'이었다. '자녀들을 통해' 게임을 접하게 됐다는 50대 그녀들은 인터뷰를 하면서 취미가 게임인 사실을 무척이나 쑥스러워했다. 하지만 게임의 디테일이나 재미에 대한 얘기에서만큼은 마니아다운 모습을 보였다. 그러면서 게임에 '현질'을 하고 '시간'을 쓰는 것을 마냥 부정적으로 보지 않게 됐나고 토로한다. 과소비만 하지 않는다면 소액의 돈으로 재미와 기쁨, 성취감과 뿌듯함, 심지어 존중받는 기분까지 게임을 통해 느낄 수 있었다는 것이다. 그리고 두렵기만 했던 디지털 기기의 사용도 익숙해졌다고 말한다.[2] 자녀 세대만의 전유물로 인식되던 '게임'이 어느새 부모 세대의 삶의 질에 영향을 끼칠 만큼 중요한 존재가 된 것이다.

비슷한 맥락에서 짧은 콘텐츠에 대한 부모 세대들의 시청 태도도 눈여겨볼 만하다. 광고나 마케팅 시장에선 이미 숏폼 콘텐츠의 대세를 점칠 정도로, 대중들의 영상 콘텐츠 소비 행태는 기본적으로 '짧은 동영상'을 선호하는 쪽으로 바뀌고 있는 추세다. 눈에 띄는 점은 10대 청소년층이 가장 적극적인 의향을 드러내고 있지만, 중장년층의 시청 의향 또한 젊은 층 못지않게 높게 평가되고 있다는 점이다(시청 의향: 10대 74%, 20대 65%, 30대 62%, 40대 59%, 50대 66.5%).[3] 자녀 세대의 놀이 문화로 인식된 숏폼 콘텐츠가 어느새 부모 세대에까지 호응을 얻는 뉴 콘텐츠가 된 것이다. 관련 업계 종사자들이 향후 숏폼 콘텐츠의 시장 확대를 점치는 이유도 바로 이것 때문일 가능성이 높다.

자녀 세대가 주도하는 활동이 부모 세대의 삶의 질에 영향을 끼친 건 또 있다. 바로 '온라인 쇼핑(온라인 장보기)'이다. 일상생활을 뒤흔든 코로나19로부터 유일하게 살아남은 유통 채널로 평가받는 온라인 쇼핑은, 특히나 4050 중·장년층이 이 분야에 경험치를 쌓게 된 것을 e커머스 업계의 최대 성과로 뽑는다.[4] 실제로 서울시가 신한카드와 함께 서울 소재 74개 업종의 카드 매출액을 분석한 결과에서도 50대의 온라인 소비는 다른 연령대에 비해 월등히 높은 증가율을 보였다고 한다.[5] 코로나 사태 초반에는 주로 자녀가 대신 주문을 해줬지만 코로나가 장기화됨에 따라 어쩔 수 없이 스스로 애플리케이션App을 깔고 이용하는 중·장년층이 많아진 것이다. 본능적으로 온라인 쇼핑을 멀리하던 부모 세대가 이제, 본격적으로 '엄지족'에 합류하기 시작했다.

이처럼 게임이나 숏폼 콘텐츠 시청 등의 '라이프 스타일', 온라인 쇼핑과 같은 '소비 활동' 모두 자녀 세대의 도움과 영향으로 부모 세대의 삶의 반경이 좀 더 넓어진 사례들에 해당한다. 여전히 '게임'은 비생산적인 활동이고, 신선 식품은 '직접 눈으로' 살펴보고 골라야 한다는 생각이 존재하지만, '예상보다 꽤 괜찮았던' 경험은 중·장년층의 삶의 태도에 앞으로 많은 변화를 주게 될 가능성이 높다. 그렇다면 지금까지 살펴본 '자녀 세대 문화가 부모 세대에 영향을 끼친' 몇 가지 사례들과 상반되는, '부모 세대 문화가 자녀 세대에 영향을 준' 예로는 어떤 것들을 생각해볼 수 있을까?

자녀 세대,
부모 세대 문화를 재확산하다

코로나19 확산으로 대부분의 업종이 휘청거리는 상황에서도 2021년 '골프' 산업만큼은 예외였다. 업계의 지각변동은 물론이거니와 각종 미디어, 방송 채널에선 경쟁적으로 이색적인 골프 예능 프로그램들을 줄줄이 쏟아냈다. 흔히 골프는 돈 있고 사회적 지위, 계층이 높은 사람들이 하는 운동이란 선입견을 감안한다면, 이번 골프에 대한 대중의 관심과 인기가 부쩍 높아진 모습은 꽤 놀라운 현상이 아닐 수 없다. 물론 외부 활동이 제한되는 상황에서 골프가 상대적으로 안전하다는 평가 때문에 '반사이익'을 얻은 측면은 분명 있을 것이다. 하지만 최근의 골프 인기를, 그저 코로나19 시국 상황 때문으로만 설명하기에는 뭔가가 좀 부족하다.

일단, 골프 인기 현상의 근본적인 이유로는 뭐니 뭐니 해도 경제적 요인을 생각해볼 수 있다. 스크린 골프장의 대중화와 퍼블릭 골프장의 증가로 상대적으로 '저렴한 비용'으로 골프를 즐길 수 있게 된 것이 골프 대중화를 이끈 원동력이라고 볼 수 있기 때문이다. 또 한 가지는 저렴한 비용으로 골프에 대한 진입

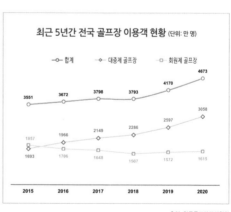

최근 5년간 전국 골프장 이용객 현황 (단위: 만 명)

출처: 한국골프장경영협회

장벽이 낮아지면서 골프를 즐기는 20대, 30대 젊은 층이 대거 등장했다는 점을 들 수 있다. 실제로 젊은 층의 골프 인구가 예전보다 많아진 것 같다는 응답이 73.1%에 이

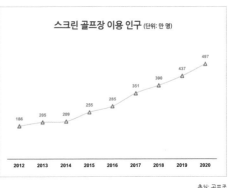

스크린 골프장 이용 인구 (단위: 만 명)

186 205 209 255 285 351 390 437 497

2012 2013 2014 2015 2016 2017 2018 2019 2020

출처: 골프존

를 만큼,[6] 젊은 골프 인구의 증가 현상을 체감하는 대중들은 꽤 많았다. 그래서 최근 업계에서는 그동안 중·장년층만을 공략했던 시장 프레임에서 벗어나 MZ세대를 신흥 큰손으로 지목하며 젊은 감성을 접목한 다양한 마케팅 전략들을 시도하고 있다.

재미있는 점은 바로 이들 젊은 층의 골프 유입에 부모 세대가 적잖은 영향을 끼쳤을 거란 사실이다. 조사 결과를 보면 부모가 골프를 칠 경우 자녀들도 골프를 많이 치고 있었고, 특히나 20대의 경우 부모의 영향으로 골프를 시작하게 됐다는 응답이 많은 모습을 확인할 수 있다. 향후 골프 의향도 마찬가지다. 부모가 골프를 치는 경우 자녀의 골프 의향은 부모가 골프를 치지 않는 경우에 비해 월등히 높은 특징을 보였다.[7] 골프를 하는 목적이 '친구들과 함께 운동을 즐기고(40.6%, 중복 응답)', '건강관리나 운동을 하기 위해서(26.5%, 중복 응답)'란 점을 감안하면, 자녀 세대의 골프 유입은 억지로 부모의 취미를 자녀에게 접목했다기보다 자연스럽게 부모 세대가 즐긴 문화를 자녀 세대가 습득하고, 함께 공유하며, 재확산된 현상이라고

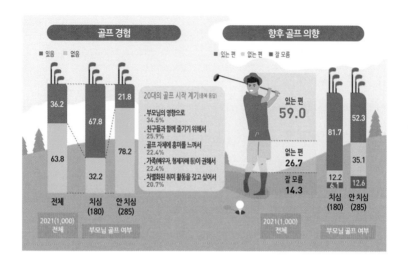

볼 수 있다.

2030대 자녀 세대와 5060 부모 세대 간 취미 혹은 경험의 전이 현상을 확인할 수 있는 또 다른 예로는 바로 '등산'을 꼽을 수 있다. 등산 역시 코로나19로부터 상대적으로 안전하다는 생각 때문인지 2021년은 산행 인구가 유독 많았던 한 해였다. 특히 골프와 마찬가지로 등산 인구에 '젊은 세대'의 유입이 많아진 점이 가장 눈에 띄는 변화 중 하나였다. 과거 등산이 중·장년층 '아재'들이 많이 즐기는 운동이란 인식이 강했다면(동의, 69.2%), 요즘 등산은 젊은 층에게 '남과 다른 이색적인 경험'이자 '차별화된 취미 생활'로 부각되고 있는 중이다.[8] 특히 앞서 골프의 사례처럼 젊은 산행 인구 유입에 부모 세대의 영향이 적지 않았을 거란 추론이 가능한 점도 주목할 만하다. 젊은 세대가 '산'을 오를 때 친한 친구(20대 48.1%, 30대 42.2%, 중복 응답)나 부모님(20대 59.8%, 30대 31.7%)과 함께하는 모습을 보

산행(등산) 시 자주 동행하는 대상					
(단위: %, 중복 응답)	전체	연령별			
		20대	30대	40대	50대
친한 친구(들)	44.5	48.1	42.2	37.8	49.6
배우자	32.1	1.4	22.9	47.9	54.3
부모님	26.5	59.8	31.7	11.1	5.2
직장 동료 및 선후배	17.6	8.4	20.2	23.0	18.7
자녀	15.4	-	10.1	31.3	19.6

였다면, 부모 세대 또한 배우자(40대 47.9%, 50대 54.3%)와 자녀(40대 31.3%, 50대 19.6%)[9]와 함께 산을 찾는 경우가 많았던 것이다. 그만큼 부모와 자녀가 '함께' 산을 오르는 경우가 많다는 것을 보여주는 결과로, 그동안 중·장년층의 여가 생활로만 여겨졌던 등산이 가족 모두가 함께 즐기는 여가 문화로 발전하고 있음을 짐작하게 해준다. 실제로 젊은 세대는 산행 경험을 부모와의 소통 수단으로 삼는 경우도 적지 않은 모습을 보이고 있었다.[10]

젊은 세대, 즉 자녀 세대의 행보가 산업 분야의 성패를 좌우하는 좌표가 되고 있는 현시점에서, 이들이 부모 세대의 문화를 향유하고 있는 모습은 시장 전반에 중요한 인사이트를 제공해준다. 우선 부모 세대의 전유물로 여겨지던 골프와 등산에 젊은 세대가 대거 유입되면서, 해당 산업이 진정한 대중화의 길로 접어들었다는 점을 꼽을 수 있다. 무엇보다 부모 세대의 활동을 새롭고, 차별화된 경험으로 받아들이는 젊은 층이 많아지고 있는 점은 자녀 세대의 경험 확대와 부모 세대에 대한 이해에도 꽤 큰 도움이 될 것으로 보인다. 이렇듯 현재 한국 사회에서는 자녀의 영향으로 부모 세대의 여가 생활(게임)과 소비 태도(온라인 쇼핑)에 변화가 찾아오고, 부모의 영향으로 자녀 세대의 취미나 경험의 내용(골프, 등산 등의 아웃도어 활동)에 차별화가 생기는, 매우 의미 있는 변화가 일어나고 있는 중이다.

이쯤 되면, 정말 이유가 궁금해질 것이다. 과거 세대 갈등의 이슈는 어딜 가고 왜 자녀 세대는 부모 세대의 문화를, 부모 세대는 자녀 세대의 문화를 함께 공유하고 향유하게 된 걸까?

가족관의 변화, 〞
적당한 거리두기&분리하기

매우 원초적이고 단순하지만, 아무래도 이유는 '코로나'밖에 없는 것 같다(휴). 전쟁, IMF 외환 위기 등을 제외하고 지금껏 우리들의 일상에 코로나19만큼 강력한 영향을 끼친 존재는 없었다. 백신 접종이 속도를 내면서 일상 회복에 대한 기대감이 커지고는 있지만, 여전히 대중들은 코로나19의 영향을 일상생활 곳곳에서 강하게 체감하고 있는 중이다. 특히, 여행, 운동과 같은 여가 생활(63.2%, 중복 응답)이나 대인 관계(59.5%. 중복 응답)는 다양한 일상생활 영역 중에서도 코로나19의 직격탄을 가장 크게 받은 분야다.[11] 답답함과 외로움 등의 각종 부정적인 감정들이 솟구치지만, 그렇다고 '외부 활동'

에 눈을 돌릴 수도 없다. 그러니 일단 대중들은 방법을 찾기 시작한 듯하다. 밖에서 할 수 없으면 '안'에서 해결해보기로.

코로나19로 가장 급부상한 존재가 있다면 단연 '집'이다. '사회적 거리두기', '이동 제한', '외출 자제', '대면 접촉 최소화' 등의 방역 지침으로 집에 있는 시간이 월등히 많아졌다. 비록 강제적 조치 때문이긴 하지만 이와는 별개로 집이 주는 심리적 안정감의 효과는 의외로 매우 컸다. 전파력 강한 코로나19로부터 '안전'을 허락받은 유일한 공간이었기 때문이다. 실제로도 대중들은 집에 있을 때 굉장한 편안함을 느꼈고(동의, 74.1%), 집에서는 뭘 해도 마음이 편안해짐을 느끼고 있었다(동의, 76.5%). 당연히 집 안에서 할 수 있는 것들에 대한 관심도 많아졌을 것이다. 흥미로운 점은 외부 활동의 욕구가 매우 강한 젊은 세대가 집에서의 활동에 좀 더 많은 관심(20대 76.8%, 30대 82.4%, 40대 71.6%, 50대 76%)[12]을 보일 정도로, 집 안에서 즐길 무언가를 더 적극적으로 찾았다는 사실이다. 처음엔 주로 혼자 할 수 있는 '게임'이나 '운동'이 그 대상이 됐을 것이다. 하지만 코로나19 장기화로 활동의 대상과 범위가 점점 더 넓어진 것으로 보인다. 가족으로까지.

물론, 코로나 확산세가 거셌던 2020년, 미국과 영국 등의 유럽에서는 코비디보스 Covidivorce[13]라는 신조어가 등장할 만큼 가족과의 불화, 갈등 등으로 인한 이혼 건수가 급증한 바 있다. 하지만 국내 사정은 좀 달랐다. 2021년 2월 24일 통계청이 발표한

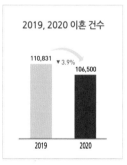

2019, 2020 이혼 건수

110,831 ▼3.9% 106,500

2019   2020

출처: 통계청, 2019~2020 인구 동향 조사

'2019~2020 인구 동향 조사'에 따르면, 2020년 한국의 이혼 건수는 10만 6,512건으로, 전년 대비 3.9% 감소했고, 특히 2021년 3월에는 전년 대비 이혼 건수가 19.5%나 급감한 것으로 나타났다.[14] 이혼율이 감소한 데에는 다양한 분석이 나왔다. 애초 결혼 건수가 감소했기 때문에 이혼이 감소했다든가, 치솟은 집값 상승분에 대한 재산 분할이 불가능해서일 거라는 매우 현실적인 이유까지 분석의 내용은 다양했다. 하지만 보다 중요한 이유는 다른 데 있는 것 같다.

코로나19는 한국 사회에서 새삼 '가족'에 대한 인식을 바꾸게 만든 세기가 된 것으로 보인다. 사실 가족이라고 해도 직접 마주 보며 대화하고 함께 생활하는 시간은 그리 많지가 않다. 그래서 종종 가족 간 소통에 어려움을 겪고, 생각처럼 가족에 대해 잘 알지 못하고 있음을 깨닫는 순간도 적지 않다. 하지만 코로나19로 인한 사회적 불안감이 높은 시기를 맞아 대중들은 '새삼' 가족을 생각하고, 가족과 좀 더 많은 시간을 보내면서 일상을 위로받는 경우가 많아지고 있었다. 집에 오래 머물게 된 만큼 가족과의 트러블을 겪는 경험(동의, 44.2%)도 적지 않았지만, 일상이 불안할수록 가족이 소중하다는 생각을 하고(동의, 74.8%), 가족과 함께 있는 시간을 가장 마음 편한 시간(동의, 59.1%)으로 느끼는 경우가 훨씬 많았던 것이다.[15] 코로나 시대를 맞아 생각지도 않게(?) 가족은 더욱더 중요하게 느껴지는 '내 편'이란 사실이 분명해졌다. 정말로 가족은, 웬수(?)가 아니었던 것이다.

단, '내 편'으로서의 가족과 '가족의 형태'를 바라보는 시각에는 조금 다른 변화가 감지된다. 소중한 내 가족인 건 맞지만, 가족 해체 현상이나 구조적인 변화를 유연하게 받아들이고 있는 만큼 가족이 꼭 함께 살아야 하는 것은 아니고(69.1%(2017) → 72%(2020) → 74.9%(2021)), 같이 있는 대상이 항상 가족일 필요는 없다는 생각(동의, 59.9%)[16]이 점점 강해지고 있었던 것이다. 한마디로, 가족이라고 해서 매일 보거나 같은 공간에서 매일 함께해야 할 만큼 가까울 필요까진 없다는 의미다. 더 친밀해지고, 더 관계를 굳건히 해야 한다는 지향점은 바람직하고 타당하다. 하지만 그것이 꼭 '물리적으로' 같은 공간에 살아야만 가능하다고는 생각지 않는 듯했다. 가족 간의 적당한 '거리두기'와 '분리하기'가 가족애를 의미하는 척도는 아니란 뜻이다. 이제 대중들에게 '가족'은 물리적으로 같은 공간에 살아야 하는 관계가 아니라, 무언가를 함께 하며 일상의 위로와 에너지를 얻는 심리적 관계에 더 큰 의미를 부여하는 듯하다. 가족은 '함께 사는 것'보다 '함께 하는 것'이 더욱 중요해진 관계가 되었다.

가족에 대한 의무감에서 "
자유로워지다

조상님이 들으면 왠지 천인공노할 것만 같은 유연한(?) 가족관이 한국 사회에 메인 스트림, 주류가 되고 있다. 그런데 이러한 변화, 전통적인 가족 붕괴 등의 이념적 문제를 떠나 폐쇄적인 한국 사회에 변화의 물꼬를 트고 있는 것은 분명해 보인다. 무엇보다 가족에 대한 의무감에서 자유로워진 점이 눈에 띈다. 우선 '부모의 부양의무'

에 대한 관점이 이전보다 더 뚜렷해졌다. 그동안 아무리 약해졌다 해도 가족이라면 부모를 부양해야 한다는 인식은 여전히 높은 특징을 보였었다. 하지만 자녀 세대는 물론이고 요즘 부모 세대는 자식에게 경제적 부담을 지우지 않고 스스로의 노후를 직접 준비하려는 의지가 강하다(10대 73.5%, 20대 81.5%, 30대 88%, 40대 88.5%, 50대 96%).[17] 자녀 세대의 녹록지 않은 현실을 고려한 것일 수도 있겠지만, 자녀 세대의 부양 의무감을 덜어주는 대신 그들에게 미안해하지 않으면서 당당해지고 싶은 부모 세대의 속내가 담겨 있는 결과로 풀이된다.

또 다른 측면은, 가족을 중요하게 생각하는 마음과 별개로 가족보다 '나'를 위해서 살고 싶어 하는 마음이 커졌다는 점이다. 가족보다는 자기 자신을 위해 살아갈 필요가 있다는 응답자가 전체 56.8%로, 이러한 인식은 지난 2017년 이후 지속적으로 강해지고 있는 추세다(51.7%(2017) → 52.5%(2020) → 56.8%(2021)).[18] 재미있는 점은 이러한 성향이 특별히 젊은 세대만의 특징이 아니란 점이다. 30대의 응답률이 조금 높긴 하지만, 자세히 들여다보면 부모 세대의 인식 또한 젊은 세대의 그것과 크게 다르지 않다(10대 47%, 20대 58%, 30대 65%, 40대 58.5%, 50대 55.5%).[19] 우리가 생각했던 것보다 부모 세대, 자녀 세대의 삶과 그 삶을 이뤄내는 태도와 방향성이 그렇게 이질적이지 않다는 뜻이다. 이렇게 되면 결국 지금의 부모 세대는 자녀 세대와 마찬가지로 '자신의 삶'을 우선순위에 놓을 가능성이 높아 보인다. 그리고 지금까지 배우자로, 부모로, 자의 반 타의 반의 인생을 살아온 가치관을 과감히 바꿀 수도 있다. 비로소 나만을 위한 삶의 태도를 가지려 애쓸 것이고, 그 과정에서 노동의 의미보다 배움과 재미의 의미에 몰두하며, 스스로의 더 나은 삶의 질을 위해 아낌없이 투자하려 할 것이다.

이렇게 될 경우 부모 세대는 무엇보다 그동안 당연시 여겨왔던 활동, 이를테면, '가사 노동'과 같은 활동의 '의미'부터 되짚어보려 할 가능성이 있다. 시간적 여유가 있어야 개인적인 취미를 즐기든, 자녀들과 함께 다양한 경험을 하든 할 수 있기 때문이다. 그래서 매일 반복되는 가사 노동에 '내 시간'을 무조건적으로 희생하지 않겠다는 다짐을 할 가능성이 높다. 그리고 이러한 다짐은 '가사 대행'과 같은 시간의 질적 가치를 높여주는 서비스에 대한 관심으로 이어질 수도 있다. 시간만 많이 투여되고, 번거롭기만 한 가사 노동을 누군가가 대신 해줬으면 하는 바람이 더욱 커질 수 있기 때문이다. 더더욱 다행스러운(?) 점은, 코로나19로 집에서 많은 시간을 보내게 됨에 따라 가족 구성원 모두가 집에서의 의식주 활동, 가사 노동의 비중이

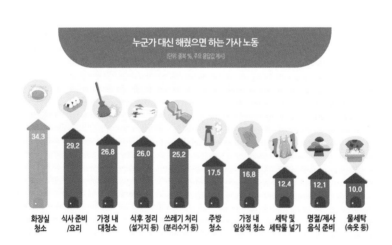

누군가 대신 해줬으면 하는 가사 노동
(단위: 중복 %, 주요 응답값 제시)

화장실 청소	식사 준비 /요리	가정 내 대청소	식후 정리 (설거지 등)	쓰레기 처리 (분리수거 등)	주방 청소	가정 내 일상적 청소	세탁 및 세탁물 널기	명절/제사 음식 준비	물세탁 (속옷 등)
34.3	29.2	26.8	26.0	25.2	17.5	16.8	12.4	12.1	10.0

증가한 경험을 했다는 점이다. 그동안 당연하게만 여겨왔던 가사 노동이 얼마나 고된 일이었는지를 스스로 깨닫고, 그 가치를 중요하게 인식한 사람들이 점점 많아진 것이다. 가사 노동의 외주화를 통해 가사 노동의 부담감에서 벗어나 배움과 재미의 의미에 몰두할 '명분'이 비로소 부모 세대에게 생긴 것이다. 이제 부모 세대는, 가족에 대한 '의무감'은 조금 내려놓은 대신 스스로의 제2의 인생에 대한 '책임감'이 생기기 시작했다.

부모 세대가 취하고 있는 이러한 '의무감 내려놓기'는 다르게 얘기해서 개인의 영역을 침범하고 자유를 구속하는 전통적인 관계에 피로를 느끼는 자녀 세대에게 그들의 가치관이나 신념, 이념 등을 강요하지 않음을 의미하는 것이기도 하다. 올바른 일이라도 의무를 강조하면 사람들은 감정적 불편함을 느낀다. 그동안 자녀 세대가 부모 세대에게 심리적 갈등과 내적 부담을 가졌던 이유 역시 이것 때문일 가능성이 높다. 갈등의 주요 원인이 대개 가치관 차이에서 비롯된 경우가 많기 때문이다. 하지만 지금, 부모 세대의 삶의 태도가 달라지고 있다. 가족에 대한 의무감은 옅어졌고, 자신을 행위의 주체로 보고 그 행위의 선택에서부터 결과에까지 최선을 다하려는 책임감은 높아지고 있다. 부모 세대의 '놓아버림'은 곧 자녀 세대에게 부모 세대의 이면을 '받아들이는' 여유를 제공하고 있다. 부모 세대, 자녀 세대의 거리는 점점, 좁혀지고 있는 중이다.

So what? 🎵
시사점 및 전망

코로나 바이러스로 주로 집에서 시간을 보내야만 했던 자녀, 그 모습을 지켜봐야 했던 부모가 매 순간 전쟁을 벌인 사연들이 블로그나 커뮤니티에 줄줄이 이어질 정도로 2021년은 집집마다 난리였던 한 해였다. 하지만 이와 동시에 일상적이고 평범하던 것의 감사함을 깨닫게 된 대중들이 소소한 즐거움을 가족과 함께 채우려는 니즈도 그만큼 높았던 해였기도 하다. 그리고 이러한 경험은 앞으로의 많은 대중들의 라이프 스타일 행태에 몇 가지 변화를 주게 될 것으로 예상된다.

첫 번째 예상되는 변화는 등산이나 골프처럼 '코로나 시대'를 맞아 일상을 벗어나 자연을 만끽할 수 있는 다양한 활동들이 '가족 중심'으로 재편될 가능성이 높다는 점이다. 특히, 진짜 휴식과 여유를 쫓아 인적이 드물거나, 아직은 사람들에게 잘 알려지지 않은 여행지

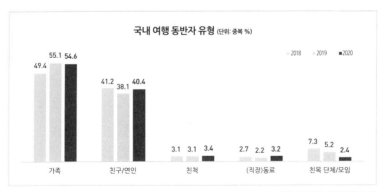

국내 여행 동반자 유형 (단위: 중복 %)

출처: 한국관광공사, 2020 국민여행 조사

를 '가족 단위'로 찾는 발걸음이 분주해질 것으로 전망된다. 코로나 19로부터 비교적 안전하다고 여겨지는 자연 친화적이고, 조용하며, 느림의 미학이 강조되는 지역이 1순위가 될 가능성이 높으며, 이것은 과거 '슬로 시티'라 불리던 여행지의 부활로 연결될 가능성이 높아 보인다.

두 번째 시사점은 자녀 세대가 부모 세대와 소비 경험을 공유하면서 얻게 된 아날로그 감수성에 있다. 사실 디지털 기술에 대한 의존도가 높아지면서 '아날로그' 감성은 마치 시대에 뒤떨어지거나 오래되고 낡은 것으로만 치부되는 경향이 없지 않다. 하지만 디지털은, 하나의 목적이 아니라 인간의 더 나은 삶을 가능케 하기 위한 과정이자 수단으로서 아날로그와 상호 보완적인 관계에 있다고 봐야 한다. 그리고 오히려 코로나19로 소통이 단절된 지금과 같은 시점에서는 사람의 손길과 감정의 공유 등의 '아날로그' 가치가 보다 더 중요해질 수 있다. 최근 '레트로'와 '역주행' 등 아날로그 감성이 새삼 주목을 받는 것도 이와 무관하지 않다. 특히, 젊은 세대가 흔히 옛날 것이라고 받아들여지던 '아날로그' 상품들을 새로운 상품이자(동

2021년 1월, 삼성은 '갤럭시 버즈 프로'를 출시하며 2000년대 애니콜 제품을 본뜬 스페셜 커버 2종을 출시했다

출처: 삼성닷컴

2030세대를 중심으로 'LP'의 인기가 높아지면서 2020년 LP 판매량은 전년 대비 73.1% 이상 증가했다

출처: 음반 판매 사이트 YES24

의, 66.8%), 차별화된 경험(동의, 78.0%)[20]으로 받아들이고 있는 것은 긍정적인 신호다. '재미'를 직접 경험하기보다 독특한 재미의 '표현'을 경험하려는 니즈가 새로운 소비문화의 확산을 이끄는 것처럼[21] 이들의 아날로그 상품에 대한 이색 경험은 또 다른 차원의 소비문화를 형성할 가능성이 높기 때문이다. 비록 아날로그의 수요와 인기가 폭발적 수준까지는 아니지만, 위드 코로나 시대에 사람의 손길과 따뜻한 감성을 찾는 니즈는 앞으로도 지속될 가능성이 높다.

세 번째이자 마지막 시사점은 부모·자녀 세대의 전이 경험이 세대 이해의 참조가 될 수도 있다는 점이다. 부모 세대, 자녀 세대의 간극이 좁아지는 긍정적 경험은 보다 넓은 관점에서 기성세대와 청년 세대의 세대 간 단절과 갈등 이슈의 실마리를 푸는 중요한 기회가 될 가능성이 크다. 2021년 현재 그 어느 때보다 한국 사회는 '젠더 갈등', '이념 갈등'과 더불어 기성세대와 청년 세대의 '세대 갈등'이 심각한 사회현상으로 부각되고 있다. 국민의힘 이준석 당 대표 당선이 세대교체의 열망으로 풀이되는 이유이기도 하다. 각종 언론, 미디어에서는 이러한 세대 갈등의 원인으로 경제적 불안감, 일자리 경쟁, 공정성에 대한 의구심 등의 문제를 지적한다. 하지만 서울대학교 사회학과 김홍중 교수는 무엇보다 기성세대가 청년 세대를 바라보는 관점을 달리해야 한다고 주장한다. 과거 청년 세대가 노동이나 반항, 저항의 상징이자 혁신의 주체로 이념과 대의를 얘기한 존재였다면, 지금의 청년 세대는 생활과 생존을 중시하는 그야말로 사회적 환경에 억눌려 고군분투하는 존재란 사실을 이해해야 한다는 것이다.[22] 청년 세대가 처한 상황과 사회적 의미가 변했다는 것을 기성세대가 받아들일 마음의 준비가 이제는 진짜 필요한 때다.

시대가 변했고, 가치관이 변했다. 앞서 부모 세대의 신념이 유연해져서 자녀 세대와의 거리가 좁혀지는 것처럼 기성세대의 신념 또한 지금보다 더 유연해질 필요가 있다. 이렇게만 된다면 청년 세대의 고충을 이해하는 것은 그리 어렵지만은 않을 것이고, 우리가 '기성세대'가 아니라 인생의 선배 세대가 될 수 있는 일생일대의 순간을 생각보다 더 빨리 맞이하게 될 가능성이 높다.

20세기 후반의 청년 세대(386세대)와 21세기 밀레니얼 세대(88만 원 세대)는 왜 그토록 다른가? 똑같이 젊고 똑같은 청춘이고 똑같은 생물학적 조건을 가졌던 두 그룹이 보여주는 심도 깊은 차이는 어떻게 설명될 수 있을까? 이 질문에 대한 마음의 사회학의 답은 이른바 '세대의 마음世代의 心 차이'라 할 수 있다. 즉 386세대의 마음은 밀레니얼 세대의 마음과 다른 능력, 도식, 레짐을 갖는다. 그렇다면 왜 이들은 다른 심리 풍경psycho-scape을 갖게 된 것일까? 그것은 이들이 해결해야 한다고 파악했던 문제의 구성이 변했기 때문이다. 문제가 심리를 규정하고 심리가 세대를 규정한다. 뒤집어 말하면 세대를 이해하기 위해서는 그 세대의 심리 풍경을 이해해야 한다. 그들의 심리 풍경의 이해를 위해서는 그들의 문제를 이해해야 한다.

－김홍중, 《인간을 위한 미래》, p.54

문자 소통 시대,
낮은 문해력이 양산하는 문제들
학력과 소통의 양극화

당신의 문해력을 테스트해보라 "

여러분의 단어 이해력을 테스트해보자. "영화 〈기생충〉의 구성 초기 '가제'는 데칼코마니였다." 이 문장에서, '가제'는 무슨 뜻일까? '최종이 아닌 임시로 붙인 제목'이라는 뜻이다. 혹시 이 단어('가제')를 처음 보신 분이나 '랍스터' 뭐 이런 걸 떠올리신 분이라면, 너무 부끄러워하지 않으셔도 된다. 고등학교 교실에도 이 단어를 모르는 학생들이 꽤 있다. 그럼, 조금 더 쉬운 단어를 보자. '지구력'. 이 지구력이라는 단어에서 순간적

으로 '지구earth'와 관련된 어떤 것을 떠올리신 분이 있다면 이후에 나오는 내용을 잘 읽어보시기를 권한다. 이 단어와 문장들은 어떨까? '고지식', '이지적', '사흘', '얼굴이 피다'. 이 단어들과 문장에서 '높은 지식', 'easy적?', '4일', '얼굴에 피' 이런 것을 떠올리신 분들이 있다면, 웃음기 싹 빼고 다음의 내용을 집중해서 읽어주시기를 바란다. 당신의 문해력文解力은 바닥을 찍고 있을 가능성이 있기 때문이다.

'문해文解, literacy력'이란, '글을 읽고 이해하는 능력'으로, 아예 글(문자)을 읽을 능력이 없는 '문맹文盲, illiteracy'과는 다른 능력을 말한다. 2021년 3월  EBS에서 방영한 〈당신의 문해력〉이라는 프로그램에서는 세계 최저 수준의 문맹률을 기록하고 있는 한국 사회에서, 실제로는 글을 읽어도 이해하지 못하는 사람들이 많다는 사실을 적나라하게 보여주었다. '가제'의 뜻을 모르는 고등학교 2학년 학생들이 상당수였고, 낮은 문해력으로 인해 수업 자체가 불가능한 경우도 있었다. 한국 사회의 '낮은 문해력' 문제는 2021년 5월 발표된, 경제협력개발기구 OECD의 국제학업성취도평가PISA, 피사에서도 잘 드러난다.

이 시험은 만 15세 학생들을 대상으로 3년마다 다양한 분야의 학습 능력을 국가별로 측정하고 결과를 발표한다. 이번 발표는 2018년의 성취도 평가의 결과에서 '디지털 문해력'과 관련된 내용만을 따로 분석한 자료인데, 이 자료에 따르면 한국은 피싱 메일Phishing Mail 식별을 통해 신뢰성을 평가하는 테스트에서 OECD 평균에 못

미치는 것은 물론 멕시코, 브라질, 콜롬비아, 헝가리 등과 함께 최하위권을 기록했다. 또한 문장에서 '사실'과 '의견'을 식별하는 능력에서도 우리나라 학생들은 OECD 평균 식별률 47%에 훨씬 못 미치는 25.6%를 기록하며, 역시 최하위권에 그쳤다.[23] 이런 결과는 2018년 한국이 읽기 능력에서 전체 5위(514점, 37개국 중 5위, OECD 읽기 평균 점수는 487점)를 기록한 것과 매우 대조적이다. 글을 잘 읽을 수는 있지만, 정작 의미는 제대로 이해하지 못하고 비판적으로 해석하는 능력도 현저하게 떨어진다는 것을 보여준다.

이렇게 낮은 문해력에 대해 언론에서는 적은 독서량, 유튜브에 대한 과도한 탐닉, 지식 교육이나 평가를 도외시한 교육 시스템을 주로 지적한다.[24] 결국 청소년들만의 문제라는 인식이 깔려 있다. 하지만 낮은 문해력 문제는 청소년이나 청년 세대의 문제에 국한되지 않는다. 성인들에게도 유사한 문제가 있기 때문이다. 다음은 KTX 홈페이지에 있는 열차표 금액의 예다. 잘 읽고 문제를 풀어보자.

문제 다음은 KTX 열차의 할인 제도입니다. 두 중학생 자녀를 둔 부부가 '서울-부산' 구간의 왕복 승차권을 구입할 때, 얼마를 내야 할까요?

(할인율) 가족 중 최소 3명 이상(어른 1명 포함)이 이용하는 경우 어른 운임의 30% 할인

서울-부산 간 편도 요금

	어른	청소년
정상 요금	50,000원	30,000원
30%할인 요금	35,000원	21,000원

① 190,000원 ② 224,000원 ③ 260,000원 ④ 284,000원

출처: EBS 〈당신의 문해력〉 1부 '읽지 못하는 사람들'

이 예는 앞서 언급한 EBS의 다큐멘터리 〈당신의 문해력〉에 나온 간단한 계산 문제였다. 정답은? 3번, 26만 원이다.[25] 하지만 성인 출연자 전원이 이 문제를 풀지 못했다. 성인들의 문해력도 자신할 만한 상황은 아니라는 것이다. 실제로 2021년 9월 7일 교육부와 국가평생교육진흥원이 발표한 제3차 성인 문해 능력 조사 결과에 따르면, 일상생활에 필요한 문해력을 갖추지 못한, 수준 1(level 1)(초등 1~2학년 학습 수준) 인구가 전체 성인의 4.5%로 200만 명이 넘는 것으로(200만 1,428명) 조사됐다. 여기에 기본적인 읽기와 쓰기, 셈하기는 가능하지만 일상생활에 활용하기에는 미흡한, 수준 2(초등 3~6학년 학습 수준)의 185만 5,661명(4.2%)까지 더하면, 약 400만 명에 가까운 성인들이 중학교 수준 미만의 문해력을 가지고 있는 것으로 추산된다.[26] 낮은 문해력의 문제가 결코 젊은 세대에만 국한된 문제가 아니라는 것을 잘 보여주는 결과라 할 수 있다. 실제 일상생활에서 수많은 사람들이 '낮은 문해력'으로 인해, 글을 읽고 이해하는 것을 어려워하고 있다. 그리고 이렇게 낮아지고 있는 문해력은 코로나 시대에 더 심각한 문제를 유발할 수 있다.

문자 소통 일상화 시대, 〞 긴 글 읽기의 어려움이 양산하는 문제들

코로나 2년 차인 현재, 우리는 이전보다 타인과 덜 만나며, 인간관계의 결핍을 많이 경험하고 있다. 그리고 사람들과 직접 '눈을 마주하고 하는 소통'에 대한 그리움이 커지고 있는 중이다. 하지만 안타깝게도 대부분의 소통이 문자text 중심으로 이뤄지고 있는 것이 현실이다. 물론 코로나 이전에도 음성 및 영상 통화보다 문자와 모바일 메신저의 이용 비중이 더 높았지만, 코로나 시대에 접어들면서 그 의존도가 한층 높아진 것으로 보인다. 실제 조사 결과를 보면, 2018년에 비해 음성 및 영상 통화의 비중이 (대면 상황의 느낌을 가지기 위해) 다소 늘어나기는 했지만(음성+영상 통화 비중 38.1%(2018) → 40.9%(2021)), 여전히 문자 소통의 비중이 훨씬 높은(문자+메신저 비중 61.8%(2018) → 59.2%(2021))[27] 것을 확인할 수 있다. 특히 비대면 상황의 장기화와 재택근무의 확대, 고착화를 고려했을 때 문자 소통의 빈도와 중요성은 그 어느 때보다 높고, 일상적으로 이용되고 있다고 보인다. 그런데 앞서 언급한 것처럼 사회 전반적으로 문해력이 낮아지고 있는 추세다. 이와 같은 '문자 중심'의 소통 과정에 문제는 없는 것일까? 예를 들어, 단순히 "응, 그래" 수준을 넘어, 문자로 어렵고 복잡하고 미묘한 상황, 감정, 개념을 설명해야만 하는 상황에서는 어떨까?

문자로 복잡한 설명이 필요한 소통 상황에서는 긴 문자long text와

읽기 습관 관련(동의율)

나는 평소 책을 거의 읽지 않는다	44.9%
나는 포털 사이트 뉴스를 읽을 때, 보통 제목 정도만 읽는다	42.2%

* 2021, N=1,000

긴 글에 대한 이해가 필수적이다. 하지만 문자로 소통하는 시대인 지금, 긴 글을 이해하는 능력에 문제가 있는 사람들이 많아 보인 다. 기본적으로 평소 긴 글을 접하는 경우가 많지 않기 때문이다. 평소 종이 신문은 물론이고(나는 평소 종이 신문을 읽지 않는다 - 79.7%), 책을 읽지 않는 사람들이 꽤 많았으며(나는 평소 책을 거의 읽지 않 는다 - 44.9%), 인터넷 뉴스를 읽을 때에도 제목 정도만 읽는 사람 이 상당수였고(나는 포털 사이트 뉴스를 읽을 때, 보통 제목 정도만 읽는 다 - 42.2%), 심지어 10명 중 2명은 소통하는 사람과 주고받는 문자 도 다 읽지 않고 넘기기도 했다(카카오톡 문자도 다 읽지 않고 넘기는 문 자가 많다 - 24.4%).[28] 또 평소 3줄이 넘어가는 SNS 글은 거의 읽지 않 는 사람들이 10명 중 2명이 넘었다(나는 3줄 이상 넘어가는 페이스북 글 은 잘 읽지 않는다 - 21.1%).[29] 이처럼 평소 긴 글을 잘 접하지 않고, 습 득할 필요성도 크게 못 느끼는 만큼, 자연스럽게 긴 글을 소화하는 훈련도 부족해질 수밖에 없다. 그리고 이러한 상황은 일을 할 때의 어려움으로도 이어지고 있었다.

취업 포털 인크루트가 2021년 9월에 발표한 자료에 따르면, 직장 인과 자영업자 중 절반 가까이(50.8%)가 보고서나 기획안 등 비즈니

스 문서를 읽을 때 어려움을 느끼는 것으로 나타났다.[30] 이 결과는 마크로밀 엠브레인의 조사 결과와도 상당히 유사하다. 조사 결과, 회의나 토론 능력이 부족하다고 느끼는 사람들이 10명 중 4명 수준이었으며(40.1%), 문서를 작성하는 능력의 부족함을 경험하는 사람도 10명 중 3명 수준(34.1%)이었다. 또한 평소 어휘력이 부족하고 (29.7%), 이메일을 쓰는 능력이 부족하며(25.0%), 주변 사람들에게 자신의 생각을 잘 설명하는 것이 어렵다(24.1%)고 느끼는 사람들도 적지 않았다.[31]

글을 읽지 않고··· 🎵
짧은 영상으로 공부하기?

이렇듯 긴 글을 읽는 것을 힘들어하는 사람들이 많아지고, 실제 글을 읽는 데 소비하는 시간이 줄어들고 있다. 반면 영상 매체를 대표하는 유튜브의 영향력은 훨씬 더 강해지고 있는 것 같다. 코로나를 겪는 2년 사이에 유튜브 시청 경험률은 거의 정점을 찍었고(유튜브 시청 경험 - 89.2%(2019) → 97.1%(2021)), 이미 사람들의 습관 속에 견고하게 안착하고 있었다(나에게 유튜브 방송은 이미 생활 습관이다 - 43.6%(2019) → 64.6%(2021)).[32] 특히 이제 유튜브를 통해 음악이나 취미와 같은 문화적 경험뿐 아니라, 경제(14.8%(2019) → 36.0%(2021)), 건강 및 의학(19.4%(2019) → 32.9%(2021)), 교육 및 기술(15.9%(2019) → 26.8%(2021)), 어학(14.3%(2019) → 19.5%(2021)), 도서(3.7%(2019) →

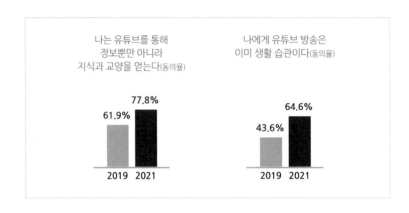

나는 유튜브를 통해
정보뿐만 아니라
지식과 교양을 얻는다(동의율)

나에게 유튜브 방송은
이미 생활 습관이다(동의율)

12.5%(2021)) 등 다양한 분야에서 교양을 쌓는 도구로 유튜브를 활용하는 사람들이 많아지고 있다. 요즘 사람들은 긴 글을 읽으면서(독서) 교양과 지식을 쌓고 공부하는 것이 아니라, 유튜브로 공부하고 있다는 것을 의미한다.

게다가 최근에는 사람들이 선호하는 동영상의 길이도 더욱 짧아지고 있다. 압도적으로 많은 사람들이 10분 미만의 동영상을 선호하고 있었다(10분 미만 - 70.4%, 10~15분 미만 - 16.0%, 15~30분 미만 - 3.4%, 30분 이상 - 0.9%).[33] 많은 사람들이 30분 이상의 동영상을 부담스러워하고 있었다. 30분 이상의 동영상의 경우, 10명 중

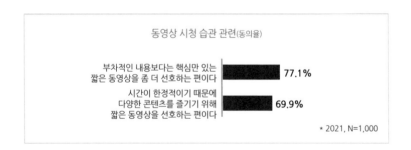

동영상 시청 습관 관련(동의율)

부차적인 내용보다는 핵심만 있는
짧은 동영상을 좀 더 선호하는 편이다 77.1%

시간이 한정적이기 때문에
다양한 콘텐츠를 즐기기 위해
짧은 동영상을 선호하는 편이다 69.9%

* 2021, N=1,000

7명이 넘는 사람들이 '빨리 감기(스킵)'를 해가면서 보고 있었으며 (73.6%), 아예 30분 이상의 영상은 보지 않는다는 응답도 10명 중 6명이 넘었다(63.1%). 요즘 사람들은 '핵심'만 추려주는 동영상을 선호하는 것이다(부차적인 내용보다는 짧은 동영상을 좀 더 선호하는 편이다 – 77.1%).[34]

이처럼, 유튜브와 짧은 동영상이 개인에게 끼치는 영향력이 커지면서, 상대적으로 책 읽기의 영향력은 더욱 낮아지고 있는 것 같다. 비록 대부분 책 읽는 것이 막연하게 도움이 된다고는 생각하지만(88.7%), 책을 전혀 읽지 않아도 일상생활을 하는 데 지장이 없고 (책을 전혀 읽지 않아도 일상생활에는 전혀 지장이 없다 – 58.7%(2016) → 63.0%(2021)), 미래 사회를 살아가는 데 지장이 없다(책을 읽지 않아도 미래 사회를 살아가는 데는 전혀 지장이 없다 – 30.5%(2016) → 39.0%(2021))[35] 고 생각하는 사람들이 증가한 것을 확인할 수 있다. 현재 '책 읽기' 는 실제 어떤 효용감을 주는 행위라기보다, 해야만 한다는 당위나 '남들 보기에 좋은 이미지'로만 남아 있었다(책을 한 권이라도 읽게 되면

분명히 생각을 확장하는 것에 도움이 된다 – 88.7%, 책을 읽는 사람은 매력 있어 보인다 – 83.3%, 책을 읽는 사람은 똑똑해 보인다 – 73.8%).[36]

So what? 〟
시사점 및 전망

디지털 기기에 대한 선택권이 자유롭게 보장되고, 동영상 중심의 콘텐츠 소비가 늘어나는 현재의 분위기가 바뀌지 않는 한, 읽기 능력(문해력) 저하 현상은 앞으로도 계속될 수밖에 없다. 읽는 데 필요한 절대 시간을 늘릴 수가 없기 때문이다. 이렇게 사회 전반적으로 낮아지고 있는 문해력은 향후 몇 가지 문제점을 유발할 것으로 보인다.

첫째, 가장 크게 우려할 부분은 '스스로 읽고 이해하는 능력'의 차이가 만들어내는 학습과 교육의 양극화다. 스마트폰이나 PC 등의 디지털 기기를 활용한 자유로운 시간이 확대되고, 비대면 학습과 교육 상황이 더욱 일상화되면, 문해력이 높은 학생, 성인들과 문해력이 낮은 사람들과의 격차는 더욱 커질 수밖에 없기 때문이다. 2021년 6월, 교육부가 발표한 2020년 국가수준 학업성취도 평가 결과는 이러한 예상을 뒷받침한다. 전반적으로 코로나 이전보다 기초학력 미달 학생의 비율이 높아진 것으로 나타났는데, 특히 국어, 영어 같은 문해력이 필요한 과목에서 기초학력 미달 학생의 비율이 더욱 높아진 것이다. 중학교 3학년을 기준으로 2019년과 2020년의 기초학력 미달 학생 수 비율의 차이를 비교해보면, 1.6%p가 증가한

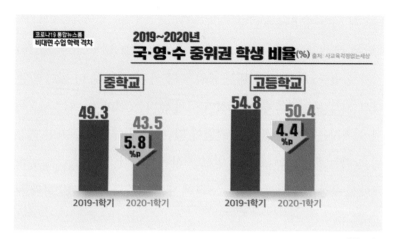

출처: KBS 뉴스

수학 과목에 비해, 국어는 2.3%p, 영어는 3.8%p로 더 많은 미달 학생이 생겨났다.[37] 이 평가에서는 읍·면 지역과 대도시 간 차이도 분명했다. 그런데 실제 이 점수의 차이보다 더 중요한 것은, 학교 수업 대신 학원에 더 보내주고, 관리를 더 해줄 수 있는 부의 격차 문제만이 아니라는 데 있다.

학교의 대면 수업이 막힌 비대면 상황에서의 온라인 중심의 학습 능력은 자기 관리 능력이 직접적으로 학습에 영향을 끼친다. 즉, 코로나 시대에는 자기 주도 학습이라고 하는 '스스로 읽고, 이해하는 능력과 동기'가 좌우한다는 것이다. 이런 상황에서 낮은 문해력은 자발적 학습 동기를 더 떨어뜨릴 가능성이 매우 크다. 스스로 읽고 이해하는 능력이 떨어지기 때문에, 아무리 공부하려는 동기가 있어도 지속하기가 쉽지 않을 수 있다는 것이다. 따라서 지금과 같은 스마트폰이나 PC 등의 디지털 기기를 활용한 자유로운 비대면 시간이 장기화되면, 문해력이 높은 학생들과 낮은 학생들 간의 격차는 더욱더 커질 수밖에는 없다.

낮은 문해력 문제는 한국 사회에 팽배한 사교육만으로는 해결하기가 어렵다. 학교 수업 대신 학원을 더 가고, 관리를 더 많이 받는다고 해서 문해력을 높이는 것이 쉽지 않다는 의미다. 이는 사교육이 이뤄지는 방식과 밀접한 관련이 있다. 독서 교육 전문가인 최승필 작가는 똑같이 사교육을 받고 진학을 하는데, 갑작스럽게 중학교에서 우등생 수가 폭락하는 현상에 대해 다음과 같이 설명한다.

사교육을 받으면 읽고 이해할 필요가 현저히 줄어듭니다. (중략) 읽고 이해하는 공부가 아니라, 듣고 이해하는 공부를 하는 겁니다. 그런데, 듣고 이해하는 방식에는 두 가지 근본적인 결함이 있습니다. 일단 시간이 너무 많이 듭니다. 글을 정교한 논리적 체계를 갖추고 있기 때문에 이해하는 공부는 필요한 지식을 향해 직선 주로를 달리는 것과 같습니다. 읽고 이해할 능력만 있다면 일직선으로 달려가 필요한 지식을 습득할 수 있습니다. 하지만 설명은 다릅니다. 장황하고 세세합니다. 교과서를 읽고 이해하면 10분이면 끝날 공부도 강사의 설명을 들으면 1시간이 걸립니다. 쉬운 대신 시간이 오래 걸리는 공부법인 셈입니다. (중략) 이렇게 터무니없이 독서량이 부족한데 공부마저 '듣고 이해하는 방식'으로 합니다. 그 결과 아이들은 교과서를 읽고 이해하지 못하는 중학생이 됩니다. 수업을 들으면 뭔가 알 것 같은데 교과서를 펼치면 무슨 소리인지 알 수 없는 이상한 상태에 빠지는 거죠.

― 최승필, 《공부머리 독서법》, p.39

둘째는, 어떤 이슈나 사안에 대한 이해력의 차이로 인해, 대인 관계에서 원활한 소통이 어려워질 가능성이 크고, 이것은 상당 기간 지속될 것으로 전망된다.

최근 코로나로 인해 소설 등을 포함한 일부 독서량이 증가했다는 통계자료가 있다. 마크로밀 엠브레인에서도 46.9%의 대중 소비자들이 코로나19 이후 독서량이 늘었다고 응답했다. 하지만 실제로 읽은 양은 그다지 많지 않아 보인다. 2015년 조사와 비교해보면, 지난 1년 동안 1~5권 정도 읽었다는 사람들은 큰 폭으로 줄어들었고 (1~5권 정도 읽음 - 38.1%(2021) vs. 62.5%(2015)), 21권 이상 읽은 사람은 절반 수준으로 감소했다(21권 이상 읽음 - 4.1%(2021) vs. 8.8%(2015)).[38] 책을 전혀 읽지 않았거나, 거의 읽지 않은 사람들은 10명 중 2명 수준(18.9%)이었다.[39] 코로나로 인해 외부 활동이 줄고 제한된 공간에 머물게 된 일시적 경험이 독서라는 선택을 하게 했지만, 결과적으로 읽은 양이 크게 늘거나 한 것은 아니라는 얘기다. 하지만 여전히 10% 이상의 사람들은 1년에 10권 이상의 독서를 한다. 여기서 중요

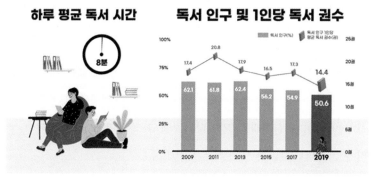

출처: 통계청, 2019 생활 시간 조사   출처: 통계청, 2019 사회 조사

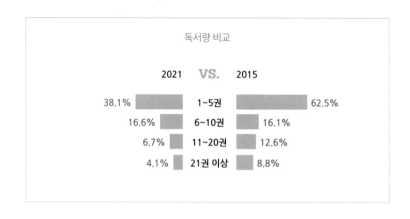

독서량 비교

2021 VS. 2015

38.1%	1~5권	62.5%
16.6%	6~10권	16.1%
6.7%	11~20권	12.6%
4.1%	21권 이상	8.8%

한 차이가 있다. 독서하는 사람과 그렇지 않은 사람의 차이는 생각
보다 클 수 있다는 것이다.

《생각하지 않는 사람들》의 저자 니콜라스 카는 책을 읽는 행위를,
마음을 비우는 행위가 아니라 깊이 생각하는 적극적이고 능동적인
행위로 정의한다. 집중해서 긴 글을 읽는다는 것은 연관성을 생각
하고 자신만의 유추와 논리를 끌어내고 고유한 생각을 키우는 적극
적인 행동이라는 것이다.[40] 이 관점에서 보면, 다독가는 이 '깊이 있
는 사고'를 축적하는 사람이다. 또 다른 차원에서 신경생리학자인
매리언 울프는 자신의 책《다시, 책으로》에서 책 읽기의 경험은 "타
인의 삶에 들어가보는 경험"이라고 설명한다.[41] 책 읽기는 그 책 속
인물의 좌절과 절망, 기쁨과 슬픔을 함께 경험함으로써 타인의 관
점을 취하는 것을 배워나가게 되는데, 이것이 세상에 대한 내면의
지식을 넓히는 길이라는 의미다. 이런 과정이 학습의 과정이며 우
리가 인간다워지도록 도와준다는 것이다.

이 두 가지 관점을 종합해보면 어떤 복잡한 사안이 발생하거나,

논쟁의 상황을 맞닥뜨렸을 때, 문해력의 높고 낮음은 소통 상황에서 큰 장애 요소가 될 수 있다는 것을 알 수 있다. 낮은 문해력은 타인에 대한 낮은 이해와 논쟁적 사안에 낮은 이해를 수반할 수 있기 때문이다. 결국 문해력의 차이가 현저하다면, 논쟁이 발생하는 상황에서 서로 합의가 되기 힘들 수 있다. 이런 맥락에서 봤을 때 사회적 이슈에 대한 접근도 달리할 필요가 있어 보인다. 사회적 이슈나 쟁점이 있는 사안을 정책적으로 결정해야 하는 경우, 단순히 이미지로만 평가하는 여론조사를 하기보다는 이슈에 대한 찬반양론을 충분히 듣고 여론을 수렴하는 별도의 과정을 포함하는 공론公論조사 같은 방법이 더 나을 수 있을 것이다.

셋째, 낮은 문해력과 유튜브에 대한 높은 의존이 필터 버블의 가속화와 사회적 갈등의 증가에 영향을 줄 수 있다는 점이다. 전문가들의 견해에 따르면, 긴 글을 습관적으로 읽는다는 것은 깊이 있는 사고를 습관적으로 한다는 것과 동의어다. 여기에 더해 코로나로 인해 혼자 있는 시간이 늘어나면서, 만약 내가 편향된 생각을 하고 있더라도 대화나 논쟁을 통해 균형을 잡아줄 가까운 타인의 존재도 드물어졌다. 이렇게 되면 깊이 있고 균형 잡힌 사고는 점점 더 어려워질 수밖에 없다. 이화여자대학교 국어교육과 서혁 교수도 바로 이 부분을 지적한다. 서 교수는 영상의 경우 정보량은 많지만, 시청하는 사람(또는 관람객)에게 쉴 틈을 주지 않아 사고력을 발휘하거나, 내용을 분석하고 비판하기 어렵게 하는 경향이 있다고 설명한다. 그래서 이런 매체에 자주 노출되면 수동적인 사고에 익숙해지기 쉽다는 것이다.[42] 이 과정은《2021년 트렌드 모니터》에서 주장한

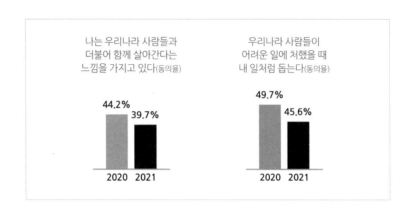

나는 우리나라 사람들과
더불어 함께 살아간다는
느낌을 가지고 있다(동의율)

우리나라 사람들이
어려운 일에 처했을 때
내 일처럼 돕는다(동의율)

44.2%
39.7%
2020 2021

49.7%
45.6%
2020 2021

필더 버블[43] 현상의 가속화로 이어질 가능성이 높다. 그리고 문해력이 낮은 상태는 소통 상황에서 타인의 말을 이해하고, 경청하는 태도를 낮추기 때문에 사회적 갈등도 더욱 증가시킬 것으로 예상된다. 실제로 지난 1년간 '함께한다'는 공동체 의식은 더 낮아졌다(나는 우리나라 사람들과 너불어 함께 살아간다는 느낌을 가지고 있다 - 44.2%(2020) → 39.7%(2021), 우리나라 사람들이 어려운 일에 처했을 때 내 일처럼 돕는다 - 49.7%(2020) → 45.6%(2021)).[44]

여기에 더해 낮은 문해력은 새로운 환경이나 제도, 가치관의 변화를 수용하고 받아들이는 것을 취약하게 만든다. 사안에 대한 깊이 있는 고민을 가로막고, 타인과 세상에 대한 공감도를 떨어뜨리기 때문이다. 이렇게 되면, 기존의 가치관을 비판적으로 수용하기보다, 그대로 답습하거나 유지하거나 강화하게 될 가능성이 매우 높다. 기존 '주류 사회'의 문화를 고착화하고, 과거에 기능했던 관습을 수용하는 경향을 보이게 되는 것이다.[45]

신경생리학자이자 난독증의 세계적인 권위자인 매리언 울프는 '글을 읽는다'는 인지 과정이 언어를 사용하는 것과는 달리 유전적으로 결정된 것은 아니라고 설명한다. 문자를 읽고 그것을 해독하는 과정은 자연스러운

것이 아니다. 오히려 본래 인간의 뇌는 매우 산만하다. 주변을 쉼 없이 둘러보고 변화에 예민하게 반응하도록 진화해온 과정에서 형성됐기 때문에 그렇다는 것이다. 따라서 독서는 인간의 오랜 문명화 과정을 통해 '만들어진 습관'이라고 말할 수 있다고 설명한다. 독서 습관은 반복적인 연습을 통해서만이 익숙해지고 숙달된다는 것이다. 그럼에도 꾸준히 책을 읽고, 높은 문해력을 기르기 위해 반복적인 연습이 필요한 이유는, 그 과정에서 '비판적 판단력'이 만들어지기 때문이다. 즉, 책을 읽고 이해할 수 있는 높은 문해력이 주는 중요한 장점 중 하나는 이 비판적 판단력이라고 할 수 있다.

만약 꼭 독서를 하지 않더라도, 이 비판적 판단력을 잃지 않기 위해 노력해야 하는 이유에 대해, 매리언 울프는 독일의 루터교회 목사이자 2차 세계대전 시기 독일 나치의 탄압을 비판하다 수용소에서 사망한 디트리히 본 회퍼의 말을 인용하며 다음과 같이 설명한다.

일부 사람들의 권력은 다른 사람들의 어리석음을 필요로 한다. 어떤 인간의 능력, 이를테면 지적 능력의 마비나 파괴가 아니라 권력의 분출이 너무나도 압도적인 인상을 주기 때문에 사람들은 독립적인 판

단력을 뺏기게 되고…… 새로운 상황을 스스로 가늠하려는 시도조차 포기하게 된다.

— 디트리히 본 회퍼, 매리언 울프, 《다시, 책으로》에서 재인용, p.297

긴 글을 읽고, 이해하는 과정은 인류의 발달단계로 보면, 자연스러운 과정이 아니고 연습과 노력이 요구되는 수고로운 과정이었다. 그래서 어쩌면 코로나라는 팬데믹 시대가 아

출처: ㈜남의집

니었어도 글을 읽고, 이해하는 이 번거로운 지적知的 활동의 유행은 위축되었을 것이라는 주장도 있다. 하지만 글 읽기의 수고로움에도 불구하고 코로나 이전까지 우리나라에는 이 과정을 즐기려고 했던 사람들은 많았다. '살롱 문화'라고 하는 취향 모임의 핵심 도구가 바로 책이었기 때문이다. 이 살롱 문화는 코로나 이전에 큰 트렌드[46]였다. 많은 사람들이 '읽고, 생각하고, 그 생각을 나누고, 서로 이야기를 듣는 과정'을 즐겼었다. 아무리 번거로운 과정이라고 해도, 책을 읽고, 서로 이야기하는 것을 좋아하던 사람들은 많았던 것이다. 그래서 만약 당신에서 독서가 따분하고, 부담스럽지만, 그럼에도 불구하고 독서를 해야 한다는 결심이 든다면, 읽을 책과 함께 그 책을 함께 나눌 만한 사람과 만나보기를 권하고 싶다. 역사적으로 보면 책도 결국, 사람과의 교감과 이해를 위한 도구였기 때문이다.

#숏폼 콘텐츠
#디지털 리터러시

📎 숏폼 콘텐츠(틱톡 등) 관련 조사

'재미와 정보'란 두 마리 토끼 >>>

최근 전 세계적으로 투자, 재테크 열풍이 거세다. 10~20대 저
연령층에서도 예외는 아니다. 단, 다른 세대와 대비되는 이들만
의 특징은 자신들에게 가장 익숙한 플랫폼인 'SNS'로 투자 공부
를 한다는 점이다. 대표적인 숏폼 콘텐츠 플랫폼인 '틱톡'의 경우
#LearnOnTikTok(틱톡에서 배우기) 해시태그 영상의 누적 조회수가
1,500억 회를 넘었는데, 그중 #PersonalFinance(재테크) 해시태그의
누적 조회수가 45억 회를 웃돈다.[47] 숏폼 콘텐츠의 시청 이유가 '재
미', '호기심'뿐 아니라 '핵심만 볼 수 있다'는 점으로, 단순히 시간을
때우기 위해서가 아닌 짧은 영상을 통해 각종 투자법과 자산 관리

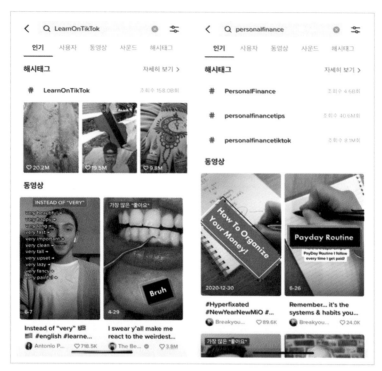

팁 등의 핵심을 쏙쏙 공부하고 있는 모습을 엿볼 수 있다. 특히 바쁜 시간을 쪼개서 살아가고 있는 현대인들에게 짧은 시간에 핵심만 볼 수 있다는 점은 매우 큰 장점일 수밖에 없다. 다만 숏폼 콘텐츠 정보에 오류가 적지 않다(동의, 61.8%)는 우려의 목소리가 많은 만큼, 정보의 출처를 정확히 파악하는 능력을 갖추는 것도 중요해질 것으로 보인다.

숏폼과 디지털 리터러시 >>>

숏폼 콘텐츠가 대세로 자리 잡아가고 있는 가운데, 장기적 관점에서는 짧은 콘텐츠의 유행으로 인한 문제점을 경계할 필요가 있다는 주장도 제기되고 있다.《틱톡, 숏폼으로 브랜딩하다》의 저자 중 한 명인 뇌과학자 장동선 박사는 "슬롯머신의 무작위 확률처럼 틱톡 추천 페이지에서 재미있는 영상이 나올 확률도 무작위"라며 틱톡 영상이 도박의 원리와 같다고 설명한다.[48] 도박을 하는 것처럼 나도 모르게 숏폼 콘텐츠에 중독될 가능성이 높다는 것이다. 특히나 숏폼 콘텐츠의 주 이용층인 10대의 경우 시청 시간을 스스로 조절하지 못하기 때문에 쉽게 헤어 나오지 못할 수 있다는 우려의 목소리가 많은 상황이다.

한편 '짧은 콘텐츠'에만 익숙해지면서 긴 호흡의 작품성 있는 콘텐츠가 줄어들 수 있다(동의, 54.7%)는 지적도 제기되고 있다. 실제 30분 이상의 긴 동영상을 선호하지 않거나 긴 길이의 영상을 '스킵'하며 소비하는 사람들이 갈수록 많아지고 있는데, 이는 최근에 글을

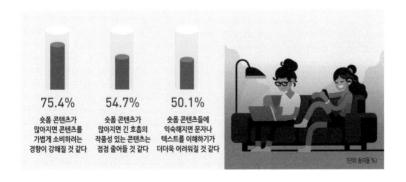

75.4%
숏폼 콘텐츠가
많아지면 콘텐츠를
가볍게 소비하려는
경향이 강해질 것 같다

54.7%
숏폼 콘텐츠가
많아지면 긴 호흡의
작품성 있는 콘텐츠는
점점 줄어들 것 같다

50.1%
숏폼 콘텐츠들에
익숙해지면 문자나
텍스트를 이해하기가
더더욱 어려워질 것 같다

(단위: 동의율 %)

제대로 이해하지 못하는 '문해력' 저하의 근본적인 이유로도 언급되고 있다. '디지털 리터러시Digital Literacy'는 기기를 활용하여 원하는 작업을 실행하고 필요한 정보를 얻을 수 있는 능력을 말한다. 이 디지털 리터러시 역량이 강조되고 있는 이유로, 편리함과 재미만을 쫓다가 놓칠 수 있는 중요한 것들에 대한 생각과 고민이 필요한 시점으로 보인다.

#중고 거래
#1인화

🖉 2021 골프 경험 및 스크린 골프 관련 U&A 조사

골프용품의 중고 거래 증가 >>>

개성과 취향 표현을 중요하게 여기는 MZ세대들이 최근 골프 업계
의 큰손으로 떠오르고 있다. 그중 주목할 만한 현상 중 하나는 MZ
세대 사이에서 '중고 골프용품' 거래가 활발히 이루어지고 있다는
점이다. 2021년 7월 중고 거래 플랫폼 '번개장터'가 발표한 '2021 상
반기 중고 거래 트렌드'에 따르면, 2021년 상반기 번개장터에서 거
래된 골프용품은 12만 1,000건으로, 거래액은 약 173억 원에 달한
것으로 집계됐다. 특히, MZ세대의 골프 관련 거래 증가세가 두드
러졌는데, 전년 동기 대비 거래 건수는 105%, 거래액은 245% 증
가한 것으로 나타났다.[49] 타 스포츠와 비교해 골프용품의 경우 평

균 구매 가격대가 높다 보니
골프에 갓 입문한 MZ세대가
중고 거래에 관심을 보인 것
으로 풀이된다. 자신의 개성
을 표현하는 데에는 아낌없
는 '플렉스Flex'를 추구하면서
도 가성비 높은 합리적 소비
를 선호하는 MZ세대의 소비

출처: 중고 거래 플랫폼 '번개장터'

패턴이 골프용품 시상에서도 예외가 아닌 모습을 확인할 수 있다.

여가 활동의 '1인화' >>>

최근 전문가 매칭 플랫폼 '숨고'에 따르면, 코로나19 이후 골프 레
슨 서비스 수요가 크게 늘어났다고 한다.[50] 전문가에게 원 포인트
레슨을 받을 수 있다는 메리트가 크고, 코로나19 감염 우려로 3밀
(밀폐, 밀집, 밀접)을 기피하는 사람들이 많아진 것이 주요 인기 요인
이었다. 게다가 매칭 서비스를 통한 일대일 레슨은 원하는 장소, 시
간, 가격대에 맞게 자유로운 연습을 할 수 있다는 장점도 크게 부각
되고 있다. 이처럼 모바일 플랫폼 등을 통해 저렴한 가격으로 다양
한 '1인 레슨'을 받을 수 있게 되면서, 최근 1인 스포츠 활동에 대한
관심도 커지고 있는 추세다. 실제 테니스, 야구, 배드민턴, 수영 등
과 같은 스포츠를 혼자 즐기거나, 전문 강사에게 일대일 레슨을 받

출처: 매일경제 　　　　　　　　　　　　　출처: 글로벌이코노믹

을 수 있는 '프라이빗 실내 연습장'이 대중 소비자들에게 큰 인기를 끌고 있다. 코로나로 인해 소규모 그룹 위주의 운동이 대세로 자리 잡은 데다가, 혼자 운동을 하고 싶어 하는 개인주의 성향도 영향을 주고 있다는 평가다.[51] 향후 위드 코로나 시대에도 코로나19로 억눌렸던 '운동'에 대한 수요는 1인용 스포츠 활동 등을 포함하여 더욱더 증가할 것으로 예상된다.

#K-등산
#아재 문화

📎 등산 경험 및 국내 등산 문화 관련 인식 조사

MZ세대의 K-등산 ›››

여전히 등산은 중·장년층이 즐기는 취미 활동이란 이미지(동의, 69.2%)가 강하지만, 코로나19 이후 등산계에 큰 변화가 감지되고 있다. 바로 젊은 연령층의 유입으로 등산 문화가 '힙하게' 변신을 하고 있는 것이다. 기존의 중·장년층이 주로 '산악회' 모임을 통해 등산을 즐겼다면, MZ세대는 '등산 크루'를 만들어 산을 오르는 모습을 보이고 있다. 중·장년층의 산악회와 달리 등산 크루는 참석의 의무도, 복장 제한도, 거한 뒤풀이도 없다. 단순히 등산을 즐기고자 하는 목적으로 모이며, 소속감보다 '개인적인 만족'을 더 중시한다는 특징이 있다. 게다가 MZ세대는 '쓰레기 투척(47.6%, 중복 응답)'이 남

출처: 유튜브 '소풍족'   출처: 유튜브 '베프의 삶, Being Eco Friendly LIFE'

발되고 있는 미성숙한 등산 문화의 개선을 위해, 등산을 하며 쓰레기를 줍는 '클린 세션', '플로깅' 등의 환경보호 활동도 함께하고 있다.[52] MZ세대가 앞장서서 바꿔나가고 있는 변화들이 앞으로 등산문화의 하나로 자리매김할 수 있을지 기대가 되고 있다.

'아재 문화'의 역습 >>>

최근 유튜브에서 인기를 끌고 있는 '한사랑산악회'는 산악회에 소속된 중년 아저씨라는 콘셉트의 영상을 올리는 채널이다. 실제 인물이 아닌 '부캐'를

출처: 유튜브 '피식대학'

다루고 있는 이 채널의 평균 영상 조회수는 100만 회를 넘는다. 댓글의 대부분을 차지하는 MZ세대의 경우 영상에 나오는 40대, 50대의 포즈를 따라 하는 등 특이하면서도 독특한 '아재놀이'를 즐긴다.[53] MZ세대가 이렇게 '아재들'에게 열광하는 이유는 산악회 아저씨들의 '아재스러움'이 친근하면서도 새롭게 다가오기 때문으로 풀

이된다. 그동안 등산, 캠핑, 골프 등 아재의 전유물로 여겨졌던 여가 활동들이 요즘 '힙한 취미'가 되고 있는 현상과도 비슷한 이유다. 최근에는 낚시에 대한 젊은 층의 관심도 높아지고 있는 추세다.[54] 이와 같이 엄마, 아빠의 활동이라는 친근함이 주는 '익숙함', 이전까지 경험해보지 못했던 새로움이 주는 '재미', '경험'을 제공하는 여가 활동을 중심으로, 세대 간 장벽이 무너지는 현상은 앞으로도 지속될 것으로 예상된다.

#정상 가족
#가족의 정의

📎 2021 가족의 의미 및 가족관 관련 인식 조사

우리 사회에 '정상 가족'? >>>

2021년 3월, '비혼 출산'으로 화제가 된 방송인 사유리 씨가 KBS 육아 예능 프로그램에 출연하는 것을 반대하는 국민 청원 글이 올라오면서, '전통적인 가족관'에 대한 사회적 고민이 점화됐다. 청원의 주된 내용은 "공영방송인 KBS가 올바른 가족관을 제시하고, (비혼 출산이 아닌) 결혼과 정상적인 출산을 장려하는 프로그램을 만들어야 한다"는 것이었다.[55] 이에 일부 네티즌들이 "도대체 정상적인 가족은 무엇이냐"고 반발하며 논란이 고조되는 양상을 보였다. 가족의 형태에 대한 사회적 인식이 변하고 있음을 확인시켜주는 사건이 아닐 수 없다. 실제로 2017년까지만 해도 '부모 – 자녀', '조부

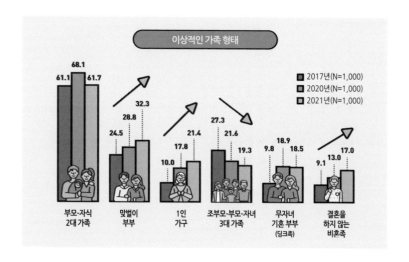

모 – 부모 – 자녀' 관계를 이상적인 가족으로 여기는 사람들이 매우 많았지만, 최근에는 1인 가구, 딩크족, 비혼족 등 다양한 가족 형태에 대한 응답률이 증가한 모습을 확인할 수 있다. 특히나 가족은 '혈연'으로만 이루어질 필요가 없다는 생각도 점점 강해지고 있어 (56.8%(2017) → 65.8%(2021)), '가족'에 대한 인식과 '정상 가족'이 무엇인지에 대한 근본적 의문을 공식적으로 제기하는 경우가 더더욱 많아질 것으로 예상된다.

가족의 정의 >>>

과거 대비 가족의 형태가 다양해지면서 관련 법의 개정이 필요하다는 목소리도 높아지고 있다. 최근 여성가족부가 발표한 '가족 다양성에 대한 국민 인식 조사' 결과에 따르면, 전체 61%의 응답자가 혼인, 혈연에 기반하여 정의되는 가족의 범위를 '사실혼', '비혼 동거'까지 확장하는 것에 찬성하는 것으로 나타났다.

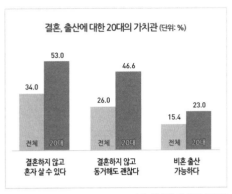

결혼, 출산에 대한 20대의 가치관 (단위: %)

출처: 여성가족부, 제4차 가족 실태 조사

또한 한 부모 가족 지원 필요성(95.3%), 비혼 부모 가족 지원 필요성 (90%), 1인 가구 지원 필요성(78.3%)도 높게 평가되는 등 다양한 가족 형태에 맞춘 지원 정책이 뒷받침되어야 한다는 의견이 많다. 특히나, 20대에서 비혼, 동거, 비출산에 대한 가치관이 변하고 있는 점은 주목해볼 필요가 있다.[56] 젊은 세대를 중심으로 결혼, 출산에 대한 인식이 바뀌면서, 향후 가족 형태가 더욱 다양해질 것으로 예상되기 때문이다. 현재 주거, 의료 등의 복지 정책이 혼인·혈연 관계에 기초하고 있는 만큼, 정책의 한계점을 극복하고 다양한 지원이 제공될 수 있도록 사회적 인식 개선 등의 대책이 뒷받침되어야 할 것으로 보인다.

#가사 노동
#K-할머니

📎 2021 가사 노동 및 가사 대행 서비스 관련 인식 조사

그림자에서 벗어난 가사 노동 >>>

가사 노동은 이른바 '그림자 노동'이라고도 불린다. 투입되는 시간, 노력은 큰 데 반해 노동의 결과가 잘 드러나지 않기 때문인데, 실제로도 가사 노동은 아무리 해도 티가 나지 않는다는 주장에 공감하는 사람들(동의, 74.1%)이 꽤 많다. 2021년 6월 통계청 발표에 따르면, 2019년 무급 가사 노동의 경제적 가치는 490조 원으로 2014년 361조 원 대비 35.8% 증가했다고 한다.[57] 특히 코로나19 이후 집에서 머무는 시간이 늘어나면서 가사 노동의 가치는 더욱 높아진 것으로 보인다. 그러나 아직까지 가사 노동은 법의 테두리에서 벗어나 있는 것이 현실이다. 1952년 근로기준법 적용 범위에서 제외되

면서 지금까지 노동의 지위를 인정받지 못하고 있기 때문이다.[58] 그런데 최근 국회에서 '가사 근로자법'이 통과됨으로써 가사 근로자도 노동법의 보호를 받을 수 있게 됐다. 특히 가사 서비스 제공 기관의 인증 제도를 도입하

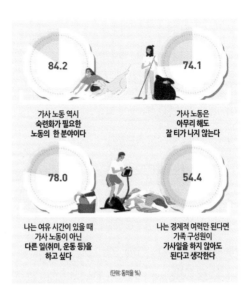

84.2
가사 노동 역시
숙련화가 필요한
노동의 한 분야이다

74.1
가사 노동은
아무리 해도
잘 티가 나지 않는다

78.0
나는 여유 시간이 있을 때
가사 노동이 아닌
다른 일(취미, 운동 등)을
하고 싶다

54.4
나는 경제적 여력만 된다면
가족 구성원이
가사일을 하지 않아도
된다고 생각한다

(단위: 동의율 %)

고, 근로 계약을 체결한 가사 근로자의 근로 조건을 규정해 노동권을 보장받을 수 있도록 한 점이 주목받고 있다.[59] 이 법을 통해, 아직까지 가사 노동을 '노동'으로 보지 않는 한국 사회(동의, 83.5%)에 경종을 울릴 수 있길 기대해본다.

황혼 육아 거부하는 K-할머니 >>>

현재 한국 사회는 맞벌이 부부가 노부모에게 자녀 육아를 맡기는 경우가 많다. 그래서 '육아로 가정에 위기가 생긴다'는 데에 공감하는 연령대가 30~40대가 아닌 60대에서 가장 높게 나타나고 있다.[60] 은퇴 이후 '제2의 인생'을 꿈꾸지만 실제로는 황혼 육아에 전념하는 노년층이 많다는 것을 엿볼 수 있는 대목이다. 그런데 최근,

황혼 육아를 거부하는
노년층이 많아지고 있는
추세다. 패션, 방송, 취
미 등 다양한 분야에서
활약하며 제2의 인생을
살아가는 K‒할머니, 할
아버지의 증가[61]가 주요
배경 이유로, 이들은 예
전처럼 자녀를 위해 가

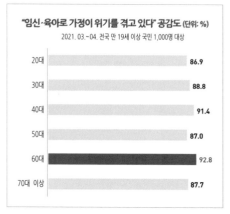

"임신·육아로 가정이 위기를 겪고 있다" 공감도 (단위: %)
2021. 03.~04. 전국 만 19세 이상 국민 1,000명 대상

20대	86.9
30대	88.8
40대	91.4
50대	87.0
60대	92.8
70대 이상	87.7

출처: 윤영호 서울대 외대 교수 팀

사 노동, 육아에 매달리며 자신을 희생하고 싶어 하지 않는 태도가
강하다. 자연스럽게 부모에게 '무급'으로 강요되었던 '육아 노동'의
경제적 가치에 대한 근본적 물음이 향후에도 지속적으로 제기될 가
능성이 높아 보인다.

엠브레인 패널 빅데이터®

INSIGHT II

🔖 틱톡, (넷플릭스, 티빙 등의) OTT, (밀리의 서재, 전자책 등의) 독서 App 관련 패널데이터를 분석해 본 결과, 틱톡은 주로 10대 젊은 층의 사용률이 높음을 확인할 수 있었다.

🔖 틱톡 이용 여부에 따른 OTT, 독서App 이용률을 살펴본 결과, 틱톡 이용자의 OTT 이용 비중은 높은 반면 독서 App 이용 비중은 낮은 모습도 관찰된다.

🔖 숏폼 콘텐츠 이용이 많을수록 영상 매체의 영향력이 강해지는 반면 실제 글(text)을 읽는 소비 시간이 줄어들고 있는 현상을 엿볼 수 있는 결과다.

응답자 특성별 각 App 이용률

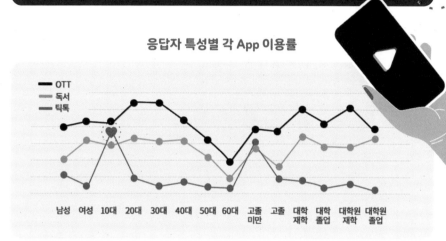

틱톡 App 이용 여부에 따른 독서율, OTT 이용률 비교

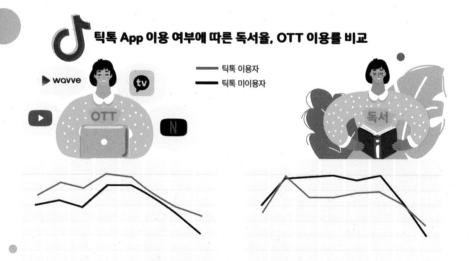

PART 3
WORK

통제감과 시간 선택권

MZ세대가 사표를 던지는 이유
시간 선택권, 통제감, 자기 계발 욕구

아무리 구직난 시대여도 ""
내 갈 길 간다

코로나19는 비대면 상황을 일상화하고 있다. 기업의 경우 가능한 한 사람들 간 직접 접촉을 줄이고 키오스크^{KIOSK} 등을 활용한 비대면 비즈니스로 빠르게 전환하고 있는 중이다. 문제는 이 과정에서 일자리가 많이 줄어든다는 것이다. 특히 서비스 산업에 직격탄이 될 수밖에 없다. 실제 한국은행이 2021년 7월 발간한 〈코로나19의 상흔: 노동시장의 3가지 이슈〉라는 보고서에 따르면, 키오스크 등으로 자동화가 가능한 대면 서비스업의 경우, 코로나 첫해인 2020년 10월 기준으로 2017년 4월보다 일자리가 10.8% 정도 크게 줄어들었다고 한다.[1] 그런데 한국 사회에서 서비스 산업이 차지하는 노동 인구는 거의 70%에 육박한다. 그렇지 않아도 구직 상황 자체가 어렵다는 것을 감안하면 결국 비대면의 일상화로 인한 취업난의 충격은 새로 노동시장에 진입해야 하는 청년 세대가 더 크게 느낄 수밖에 없을 것으로 보인다. 이런 어려운 상황에 '미리' 불안감을 느끼는 청년층도 늘어나고 있다.

전경련 산하 한국경제연구원이 발표한 자료에 따르면, 아예 구직 자체를 포기한 청년이 2020년 21만 9,000여 명으로, 2015년에 비해 20% 증가한 것으로 나타났다.[2] 또한 우리나라 청년 세대(15~29세)의 고용률은 42.2%로, 주요 5개국 평균(56.8%)보다 현저하게 낮은 수준이며, 경제활동 참가율(46.4%)도 주요 5개국 평균인 62.5%보다 훨씬 떨어진다. 한마디로 현재 한국 사회의 청년들의 취업은 대단히 어려운 상황이라는 것이다. 이렇게 취업이 어려운 시기라는 점을 감안한다면, 아마도 힘들게 취업에 성공한 청년들은 자신의 일자리에 충분히 만족감을 느끼고 있을 것이라는 생각을 하게 된다. 그리고 이 '귀한 일자리'를 보전하려고 열심히 잘 다니고 있지 않을까? 이런 예상을 뒤집는 흥미로운 통계자료가 있다. 바로 퇴사율이다.

2021년 2월, 취업 포털 잡코리아가 국내 기업 402개를 대상으로 코로나 첫해인, '2020년 직원 퇴사율 현황'을 조사한 결과를 발

표했다. 지난해 기업들의 직원 퇴사율은 13.8%로 조사되었는데, 이 수치는 전년도(2019년, 코로나19 대유행 이전) 평균 퇴사율 9.8%에 비해 무려 4%p나 높은 수준이었다.[3] 비슷한 맥락의 다른 조사 결과도 있다. 2021년 6월, 구인·구직 플랫폼 사람인이 500개 기업의 퇴사자 현황을 발표한 결과로 보면, 1년 이내 조기 퇴사자의 49%가 MZ세대(밀레니얼 세대+Z세대, 2030세대)였다고 한다.[4] 이 두 가지 결과를 함께 놓고 보면, 중요한 시사점을 발견할 수 있다. 최근 경기가 어려움에도 불구하고 퇴사 의사 결정을 내리는 직장인들이 많고, 그 중심에는 통상 MZ세대라고 불리는 2030세대가 존재한다는 사실이다. 많은 청년 세대들이 코로나 팬데믹이라는 엄혹한 시기에, 어려운 취업 관문을 통과해 들어간 회사를 그만두거나, 옮긴 것이다. 2030세대는 왜 어렵게 들어간 회사를 그만두고 있을까? 이 질문에 대한 답을 찾는 과정은 이들 MZ세대라고 불리는 2030세대의 마인드를 이해하는 중요한 단서가 될 수 있다.

중요한 것은 월급이 아닌 "
'시간 선택권'

잡코리아의 조사에 따르면, 직장인들이 회사를 그만두는 가장 큰 이유는 '연봉을 높여 이직하기 위해서(47.2%, 중복 응답)'였다. 다음으로 타 기업으로부터 스카우트 제안을 받아서(29.0%), 커리어 관리를 위해서(28.5%)순이었다.[5] 이 결과만으로는 더 많은 연봉을 원하는 목적 이외에, 현재의 조직에서 겪는 어떤 문제 때문에 이직을 결심하게 됐는지를 명확하게 알기가 어렵다. 그 말인즉, 연봉을 많이 주는 것 말고는 이직을 막을 수 있는 별다른 방법을 찾지 못할 가능성이 크다는 뜻도 된다. 그런데 연봉만 많이 주면 정말로 이직을 막을 수 있는 것일까? 물론 생활인으로서 연봉이 굉장히 중요한 문제인 것은 틀림없다. 하지만 회사에 머무는 이유가 일의 내용이나 의미가 아니라 오직 '연봉'에만 있는 경우, 만족감을 줄 수 있는 절대치란 존재하지 않을 가능성이 높다. 어딘가에는 나보다 연봉을 더 많이 받는 주변 사람들이 존재하며, 이렇게 남들과 끊임없이 비교를 하다 보면 결코 만족스러운 수준에 다다를 수 없기 때문이다. 결국 단순히 연봉을 올려주는 것만으로는 이직이나 퇴직을 근본적으로 막을 수 없다는 의미이기도 하다. 그런 면에서 볼 때, 정말로 퇴직이나 이직을 막아야 한다면 퇴사 이유가 아니라, 현재 있는 조직에서 무엇에 만족하고, 어떤 것이 이직을 낮추는 것인지를 알아야 하는 것이다.

조사 결과, 직장 생활을 '지속'하는 데 있어서 회사의 복지 제도가 끼치는 영향력이 상당한 것으로 확인됐다(직장 생활 지속에 복지 제도가 끼치는 영향력 - 76.6%).[6] 특히 2030세대가 4050세대보다 더 크게 느끼고 있었다(직장 생활 지속에 복지 제도가 끼치는 영향력 - 20대 78.8%, 30대 78.4%, 40대 76.8%, 50대 72.4%).[7] 그리고 사내 복지 제도를 중요시하는 이런 경향은 현재의 직장뿐 아니라 향후 이직이나 재취업 시에도 강력한 고려 요인으로 작용하는 것으로 보인다(이직/재취업 시 복지 제도 고려 - 89.9%).[8]

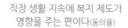

직장 생활 지속에 복지 제도가
영향을 주는 편이다(동의율)

비동의
4.4%

보통
19.0%

동의
76.6%

*2021, 직장인, N=1,000

직원들이 비교적 높은 만족도를 보이는 복지 제도 항목은 어찌 보면 소소한 제도였다. 현재 시행 중인 제도 중에서 명절이나 특별한 날 선물을 주는 것에 가장 만족감을 느꼈던 것이다(직원 선물(설날, 추석, 생일 등) - 24.7% 1순위).[9] 다음으로 유연 근무제(18.1%), 사내 식당 운영(17.1%), 장기근속 포상(15.4%), 경조사 비용 지원(15.4%)순이었다.[10] 유연 근무제를 제외하고는 대다수 직장인들이 회사에서 눈에 보이게 챙겨주는 것들을 선호하고, 이것을 일종의 배려라고 생각하는 듯했다.

그런데 현재 직장인들이 가장 필요로 하는 복지 제도는 앞선 결과와는 많이 다르다는 점에 주목해보자. 이 결과를 통해 2030세대와 4050세대가 복지 제도에 대해 서로 얼마나 다른 태도를 가지고 있는가를 확인할 수 있다. 전체적으로는 주중 조기 퇴근 제도에 대한 선호가 가장 높았다(35.5%, 1순위).[11] 다음으로 근속 연수에 따른 안식년 휴가(31.6%, 2순위), 유연 근무제 실시(28.0%, 3순위), 장기근속 포상(22.0%, 4순위)순이었는데, 주중 조기 퇴근제와 유연 근무제에

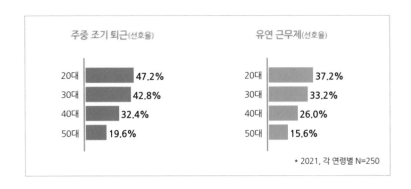

대한 선호는 2030세대가 현저하게 강하고(주중 조기 퇴근 선호 - 20대 47.2%, 30대 42.8%, 40대 32.4%, 50대 19.6%, 유연 근무 선호 - 20대 37.2%, 30대 33.2%, 40대 26.0%, 50대 15.6%), 근속 연수에 따른 안식년 휴가와 장기근속 포상은 4050세대가 더 선호하는(안식년 선호 - 50대 34.0%, 40대 34.0%, 30대 32.8%, 20대 25.6%, 장기근속 포상 선호 - 50대 26.8%, 40 내 23.6%, 30대 17.6%, 20대 20.0%)[12] 자이를 발견할 수 있었다. 20대와 30대는 시간과 자율을 더 원한 반면, 40대와 50대는 회사에 오래 머무는 것에 대한 보상을 더 원한다는 것을 의미한다.

물론, 이 세대 간의 차이는 아주 현저하지 않다고 볼 수도 있

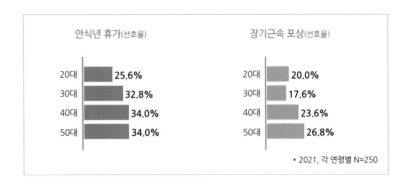

다. 다만, 경향은 일관된 방향을 가리키고 있었다. 결국, 2030세대가 회사 복지 제도를 통해 가장 받고 싶은 것은, '시간 선택권'이라는 것을 알 수 있다. 내가 원하는 시간에 '일을 하고', 원하는 시간에 '쉬는' 것을 좀 더 선호했던 것이다. 이 결과는 가장 불필요한 복지 유형으로 꼽힌 '체육대회(30.7%, 1순위)'나 '단합대회(30.6%, 2순위)'와 극명하게 대비된다.[13] 지금의 2030세대들은 근무시간 외에 진행되는 회사 행사에까지(혹은 근무시간 내에 하는 행사라고 하더라도) 온전히 회사가 기획한 방향대로 시간을 보내거나, 자신의 여가 시간을 갈아 넣는 것을 거부하고 있는 것이다.

종합적으로 봤을 때 MZ세대 직장인들에게는 시간 선택권을 존중받을 수 있는 복지 제도의 존재가 직장 생활의 지속 여부를 결정하는 데 상당히 큰 영향을 끼치고 있는 것으로 보인다. 높은 연봉에 대한 기대감만으로는 충분한 설명이 되지 않는, 젊은 직장인들의 높은 퇴사율에 숨겨진 진짜 이유라고도 볼 수 있다. 가령 요즘 직장인들이 가장 중요하게 생각하는 '워라밸'은 지극히 주관적인 영역인데, 이를 위해서는 직장 생활의 시간과 장소를 스스로 선택할 수 있는 '통제권'이 필요하다. 즉, 직장인들에게 스스로의 생활을 통제할 수 있는 선택권을 주는 것이야말로(물론 높은 연봉도 마다할 리는 없겠지만) 가장 중요한 제도적 혜택인 것이다.

강한 통제 욕구, 〝
'좋은 회사'를 판정하는 기준이 되다

실제로 2030세대는 자신의 라이프 스타일에 맞게 회사 환경과 제도를 바꾸기를 원하는 태도도 보이고 있었다. 출퇴근 시간을 자신에게 맞추는 것을 다른 세대에 비해 훨씬 더 강하게 원했으며(출/퇴근 시간을 나에게 맞춤 - 20대 60.8%, 30대 66.0%, 40대 51.2%, 50대 46.4%), 회사의 인센티브나 상여금도 경영진이 마음대로 정하는 것이 아니라 자신에게 기준을 명확히 알려주기를 원했다(인센티브/상여금 기준을 상세히 알려주기 원함 - 20대 66.4%, 30대 65.2%, 40대 62.0%, 50대 53.6%). [14] 또한 선배 세대에 비해 훨씬 더 강하게 회사 생활을 자신의 상황에 맞게 조정하고 싶어 했다(나는 회사 생활에서 최대한 나의 상황에 맞게 환경을 조정하고 싶다 - 20대 70.0%, 30대 66.4%, 40대 65.6%, 50대 60.4%). [15]

이것은 회사라는 공간 밖에서는 항상 자신의 주변 상황을 통제해온 2030의 라이프 스타일을 반영한다. 흥미롭게도 2030세대는 일

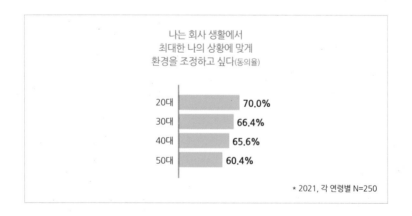

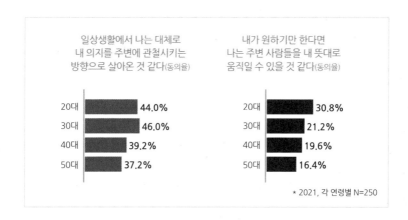

상생활에서 자신의 의지를 주변에 관철시키는 방향으로 살아왔다는 사람들이 많았고(일상생활에서 나는 대체로 내 의지를 주변에 관철시키는 방향으로 살아온 것 같다 – 20대 44.0%, 30대 46.0%, 40대 39.2%, 50대 37.2%), 실제로 자신이 원하기만 한다면 주변 사람들을 뜻대로 움직일 수 있다고 생각하는 경향도 4050 선배 세대들에 비해 더욱 강했다(내가 원하기만 한다면 나는 주변 사람들을 내 뜻대로 움직일 수 있을 것 같다 – 20대 30.8%, 30대 21.2%, 40대 19.6%, 50대 16.4%).[16]

코로나를 맞아 활성화되고 있는 재택근무에 대한 만족감이 젊은 세대에서 높은 것도 이러한 맥락에서 이해해볼 수 있다. 재택근무를 하게 되면 스스로의 시간 및 공간 활용도가 중요해지며, 회사보다는 집과 내 방이 개인에게 훨씬 더 맞춤형의 환경을 제공해주기 때문이다. 실제 재택근무를 경험한 직장인들 중에 2030세대가 재택근무에 대한 만족 경험이 많았으며, 재택근무의 장점에도 더 많이 주목하는 것으로 나타났다(재택근무 경험에 만족 – 20대 86.6%, 30대 83.1%, 40대 82.1%, 50대 79.5%, 재택근무는 장점이 많음 – 20대 70.7%, 30대

64.0%, 40대 53.8%, 50대 47.4%).[17]

이렇듯 주변을 자신의 라이프 스타일에 맞추려고 하는 2030세대의 욕구는 선배 세대에 비해 훨씬 강렬해 보인다. 그리고 이런 성향은 '좋은 직장'을 판단하는 기준에서도 잘 드러난다. 스스로 좋은 직장 경험이 있다고 생각하는 직장인들 중에서 40대와 50대의 경우 좋은 직장이라고 느낀 첫 번째 이유로 '고용 안정이 보장되는 회사'라는 점을 꼽았다(이유 1순위 - 50대 52.8%, 40대 39.3%).[18] 반면, 20대와 30대는 각각 그 이유가 달랐다. 20대는 '직원들의 워라밸 라이프를 존중해주기 때문'이라는 이유를 좋은 직장의 1순위로 꼽았고(이유 1순위, 38.8%), 30대는 사내/직장 문화가 유연한 회사라는 것을 첫 번째로 선택했다(이유 1순위, 40.9%).[19] 40대와 50대는 자신들의 경제적 기반이 되는 회사의 안정성과 지속성을 좋은 직장의 가장 중요한 판단 근거로 생각하는 반면, 20대와 30대는 자신에게 시간을 주거나(워라밸), 자신의 주장이 무시되지 않고, 권위적이지 않은 조직 문화가 있는 회사를 좋은 회사라고 생각하는 것이다.

여기까지 정리해보면, 2030세대의 이른 퇴사에 대해 한 가지 분명한 사실을 알 수 있다. 2030세대의 최근 높은 퇴사율은 현재의 어려운 경제 상황과는 무관해 보인다. 이들 세대에게 그보다 더 중요한 판단 기준은 '회사가 나를 얼마나 덜 옥죄느냐', 혹은 '나의 상황에 맞게 회사가 나에게 업무 환경을 제공하는가' 또는 '나는 회사에서 얼마나 통제권을 가지며 일을 할 수 있는가'인 것으로 보인다. 이 판단의 결과로 퇴사나 이직을 결정하고 있는 것이다.

MZ세대의 회사 생활 이해하기 ""

하지만 현실의 회사는 2030세대의 뜻대로만 되는 상황은 아닌 것 같다. 대부분의 직장인(85.4%)들이 회사에서 정한 출/퇴근 시간에 따르고 있었으며, 회사에서 상여금이나 인센티브의 자세한 기준을 알려주는 경우는 드물었고(25.7%), 회사가 나름의 기준으로 그냥 알아서 인센티브를 주거나(42.7%), 심지어 인센티브가 없는 회사도 적지 않았다(22.0%).[20] 그리고 이들에게 회사는 내가 열심히 한 만큼의 경제적 보상을 주는 곳은 아니었으며(63.1%), 어려운 상황에서 나를 지켜주는 곳도 아니었다(74.8%).[21] 주변 상황을 통제하고 자신의 통제권 안에 회사 제도를 맞추려고 하는, 2030세대의 시도는 지금의 현실에서는 성공하지 못하고 있는 듯 보인다.

이렇게 자신의 뜻대로 회사 생활이 풀리지 않고, 회사의 상황에 맞춰야 하는 것은 무엇보다 2030에게 높은 스트레스를 유발하고 있는 듯 보인다. 2030 직장인의 스트레스 수준은 4050 직장인보다 높은 것으로 나타났다(직장 내 스트레스 수준 - 30대 58.4%, 20대 49.6%, 40대 46.0%, 50대 41.6%).[22] 특히 실무적으로 가장 많은 일이 몰려 있는

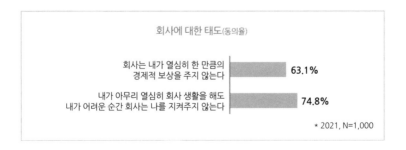

회사에 대한 태도(동의율)

회사는 내가 열심히 한 만큼의
경제적 보상을 주지 않는다 　63.1%

내가 아무리 열심히 회사 생활을 해도
내가 어려운 순간 회사는 나를 지켜주지 않는다 　74.8%

* 2021, N=1,000

출처: 한겨레

30내의 스트레스가 다른 세대에 비해 월등히 높았다(58.4% - 1순위).
30대에게 직장 내에서 가장 큰 스트레스를 유발하는 것은 회사 생
활에서의 감정 노동이었다(직장 내 스트레스 유발 요인 - 30대 1순위, 직장
생활 중의 감정 노동 42.8%). [23] 다만, 회사 생활에서 발생할 수밖에 없
는 이 감정 노동으로 인한 스트레스는 다른 세대에서도 공통적으로
높은 수준이었다(전체 2순위 - 37.6%). [24]

연봉과 과도한 업무 이외에 상위권에 있는 많은 직장 스트레스 유
발 요인은 인간관계에 대한 것들이었다. 인간관계야말로 회사 생활
의 스트레스를 구성하는 핵심 요소인 것이다.

회사의 일은 많은 사람들의 상호작용으로 이루어진다. 그래서 인
간관계에서 파생되는 많은 어려움이 존재할 수밖에 없다. 자신의
스타일에 맞는 상황 통제를 선호하는 2030세대는 회사 내의 이 어
려운 상황을 어떻게 헤쳐 나가고 있을까? 2030세대가 사내의 인간
관계 문제에 어떤 방식으로 대처하는지를 잘 보여주는 사례가 있
다. 직장 내 괴롭힘에 대한 태도다. 이 직장 내 괴롭힘은 눈에 잘 띄

지도 않고, 대부분의 패턴이 미묘한 소통이나 숨겨진 비언어적인 제스처gesture를 포함하기 때문에 당사자는 심리적으로 굉장히 고통을 받는 행위다. 정부에서는 직장 내 가혹 행위를 2019년 7월, '직장 내 괴롭힘 금지법'이라는 이름으로 처벌하고 있다. 하지만 아직까지는 이런 법 시행이 직장인들에게 직장 내 괴롭힘을 모두 제거해줄 것이라는 믿음을 주기에는 부족해 보인다. 오히려 법이 시행되더라도 직장 내 괴롭힘은 줄어들지 않을 것이라는 의견이 더 많았기 때문이다(수그러지지 않을 것이다 55.2% vs. 줄어들 것이다 39.9%).[25]

그렇다면 직장 내 괴롭힘이 있을 때 2030세대는 어떻게 대처하고 있을까? 많은 2030세대는 (4050세대에 비해) 이 상황에서 쉽게 나서서 문제를 해결하기를 주저하고 있는 듯했다(쉽게 나서진 못할 것 같다 - 20대 71.2%, 30대 68.8%, 40대 65.2%, 50대 56.8%), 그리고 직접 신고하기보다는 퇴사나 이직을 선택하는 것이 낫다고 생각하고 있었다(직장 내 괴롭힘과 같은 상황을 겪게 된다면 신고보다는 차라리 퇴사나 이직을 선택할 것 같다 - 20대 60.4%, 30대 57.2%, 40대 46.4%, 50대 32.8%).[26] 용기

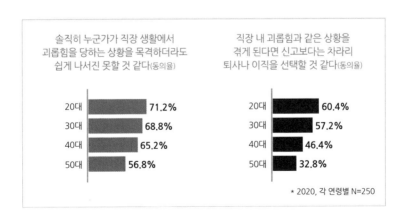

가 있고 없고를 떠나 회사 내 인간관계에 아직 익숙하지 않는 2030세대에게 직장 내 괴롭힘과 같은 문제는 스스로 나서서 해결하기에는 매우 어려운 문제인 것으로 보인다.

2030세대의 높은 조기 퇴사율을 이해하는 두 번째 단서는 여기에 있다. 이들에게 회사 내의 인간관계는 낯설고, 힘들다. 내 마음대로 되지도 않는다. 인간관계를 맺고 서로 오해하지 않을 정도의 원활한 상호작용을 하기까지는 수고가 든다. 이런 상황에서 괴롭힘이나 성희롱 같은 회사 내 부정적인 인간관계 이슈가 터지면 이 세대는 선배 세대에 비해 훨씬 더 당황할 수밖에 없을 것이다. 이전에는 경험해보지 못한 생소한 문제이기 때문이다. 이런 차원에서 보자면, 이들 2030세대에게 '퇴사'는 자신의 자존감과 멘탈을 유지하는 최선의 선택일 수도 있다. 자신이 통제하거나 적응하기가 너무 어렵다면, 신택지는 '엑시트exit'밖에 남지 않는다.

그렇다면 오랫동안 직장 생활을 할 수 있는 방법은 정말 없는 걸까? 여기서, 오랫동안 회사를 경험해온 선배들의 태도에서 힌트를 찾아보자. 우리 선배들은 이런 상황을 어떤 마인드로 '버텨온(?)' 것일까?

50대와 40대 선배들도 대부분의 20대와 30대 후배들처럼, 대부분의 일상을 자신이 원하는 대로 '세팅'하고 싶어 했다(나는 내가 원하는 방향으로 일상생활을 살고 싶다 - 50대 88.0%, 40대 87.2%, 30대 85.2%, 20대 82.0%).[27] 다만, 이 노련한 선배 세대는 직장 생활이 이렇게 뜻대로 되지 않을 때 일단은 참는 방법을 배워온 것 같다(직장인이라면 직장 생활이 힘들더라도 참아야 한다 - 50대 64.0%, 40대 53.2%, 30대 46.8%, 20

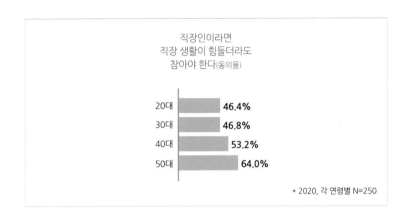

직장인이라면
직장 생활이 힘들더라도
참아야 한다(동의율)

20대 **46.4%**
30대 **46.8%**
40대 **53.2%**
50대 **64.0%**

* 2020, 각 연령별 N=250

대 46.4%).[28] 그리고 일단 상황이 바뀌기를 기다렸으며(나는 내 의지대로 회사 생활이 잘 안 되더라도 새로운 환경(또는 상황)이 될 때까지 적응하는 편이다 - 50대 88.0%, 40대 82.0%, 30대 77.6%, 20대 79.2%), 그 상황에서 의미나 교훈을 찾으려 했다(회사 생활이 내 뜻대로 잘 안 되더라도 의미가 있게 받아들여야 한다고 생각한다 - 50대 69.2%, 40대 61.6%, 30대 52.4%, 20대 57.2%, 인생이 내가 원하는 방향으로 가지 않더라도 받아들이고 그 과정에서 배워야 한다고 생각한다 - 50대 82.8%, 40대 79.6%, 30대 69.6%, 20대

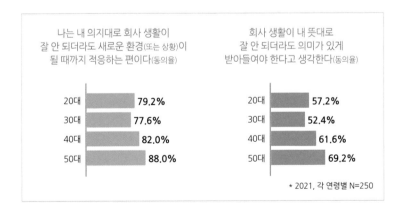

나는 내 의지대로 회사 생활이
잘 안 되더라도 새로운 환경(또는 상황)이
될 때까지 적응하는 편이다(동의율)

20대 **79.2%**
30대 **77.6%**
40대 **82.0%**
50대 **88.0%**

회사 생활이 내 뜻대로
잘 안 되더라도 의미가 있게
받아들여야 한다고 생각한다(동의율)

20대 **57.2%**
30대 **52.4%**
40대 **61.6%**
50대 **69.2%**

* 2021, 각 연령별 N=250

69.6%).[29]

이 조사의 대상이 모두 직장인이라는 것을 생각해보면, 40대나 50대 모두 10여 년 이상 회사 생활을 한 베테랑 직장인이라고 할 수 있다. 이런 전제로 이 결과를 살펴보면 조직 생활을 오래 하는 노하우가 녹아 있는 것으로 보인다. 선배들의 관점을 그대로 해석해보자면, 오래 직장 생활을 하는 노하우는 단순히 회사에서 시키는 일을 하는 것만이 아니다. 자신이 뜻하는 방향이 있고, 그것을 실행할 수 있는 그 시점이나 상황이 될 때까지 의미 있는 시간을 축적하는 것일 수 있다는 것이다. 오랜 직장 생활을 할 수 있는 단순한 노하우 중 하나는 '때'를 기다리며 시간을 견디는 것일 수 있다.

So what? "
시사점 및 전망

지금 20대와 30대 MZ세대는 일상을 자신에 맞게 통제하고 관리하는 차원을 넘어, 회사를 포함한 공적 공간으로 이 영향력을 확대하려 하고 있다. 그리고 앞선 분석에 따르면, 자신이 바꿀 수 있는 공간이나 제도가 협소하거나 작을 경우 '적응'을 택하기보다는 '탈출'을 택할 가능성이 높아 보인다. 그만큼 2030세대의 높은 퇴사율과 자신의 라이프 스타일에 직장 생활을 맞추려고 하는 강력한 통제 욕구는 기존 회사의 제도에 매우 큰 영향을 끼칠 것으로 예상된다. 이 경향에 따른 몇 가지 시사점이 있다.

첫 번째, 2030세대의 통제감 확대는 상당 기간 지속될 가능성이 크다. 다만, 이렇게 되면 규정이 까다롭고, 의전이나 형식을 중요하게 생각하는 회사와의 갈등과 충돌도 더 빈번해질 수밖에 없다. 이런 MZ세대의 욕구가 극명하게 분출된 것이 2021년 2월, SK하이닉스로부터 시작된 성과급에 대한 투명한 공개 요구[30] 사건이다. 이 일은 SK하이닉스에 재직 중이던 MZ세대 한 직원이 자신의 대학 시절 캠퍼스 리크루팅에서 '삼성전자'와 비슷한 규모의 성과급을 보장한다고 약속한 것을 왜 지키지 않느냐고 주장하면서 촉발되었다. 이 사건으로 인해 내부의 MZ세대 직원들이 집단적으로 경영진에 유사한 주장을 하기에 이르렀는데, 이를 진화하기 위해 SK그룹 최태원 회장이 자신의 "연봉 30억을 반납하고 소통하겠다"는 선언을 하기에 이른다. 그런데 이런 최태원 회장의 언급에 대해 MZ세대 직원들이 수용하기는커녕, "그 연봉을 직원 수로 나누면 10만 원밖에 안 된다"는 주장으로 그룹 회장의 '시혜'를 무색하게 했으며, 급기야 성과급의 산정 방식을 공개해달라는 주장을 하게 된 것이다. 결국 이석희 SK하이닉스 사장은 사과 성명을 내고, 향후 성과급 내용을 공개하고, 제도 개선 방안을 검토하겠다고 했으며, 이 내용을 노조와 합의했다.[31] 더 관심 있게 지켜봐야 할 대목은, 이런 MZ세대의 주장이 SK하이닉스를 넘어, 여타 대기업으로 일파만파 확산되고 있다는 사실이다.[32] 한국 사회의 보수적이고 위계적인 조직 문화가 근본적으로 바뀌지 않는 이상 통제를 받기 싫어하는 2030세대는 다른 세대에 비해 회사에 부적응하거나, 회사와 대립하는 상황에 더 많이 놓이게 될 것이다.

SK하이닉스 성과급논란 진화
삼성·LG로 불똥

'성과급 논란' SK하이닉스, 제도 개선 합의

초과이익분배금(PS) 산정지표 변경 '경제적부가가치(EVA) → 영업이익과 연동'
EVA란? 영업이익에서 미래투자금, 법인세 등을 뺀 값

이사회 승인 전제로 우리사주 발행, 기본급 200% 혜택 지급

사내 복지포인트 300만포인트 전 구성원에 지급

두 번째는 기존 조직 또는 회사를 주도하는 세대에 대한 전망이다. 이 전망은 2030세대의 조기 퇴사가 파생하는 결과일 수 있다. 향후에는 중·장기적인 회사 생활의 주도권과 관련하여, 40대가 일의 중심에 있을 가능성이 높다는 점이다. 회사뿐만 아니라 어떤 분야에서건, '일work'은 숙련을 요구하고, 일정 시간의 인내를 요구한다. 하지만 현재의 2030세대는 일상에 대한 강력한 통제감이 꺾이는 순간에 일(또는 회사)에서 지속성이 떨어지는 경향을 보인다. 이렇게 되면 이들 세대의 일에 대한 소명 의식은 낮아질 수밖에 없고, 경제적인 이익이 존재하는 곳에 더 민감하게 반응할 수밖에는 없다. 실제 최근의 직업 소명 의식에 관한 조사가 이런 전망을 잘 뒷받침한다. 40대와 50대가 2030세대에 비해 지금 하고 있는 일에 대한 소명 의식이 월등히 높았고(나는 지금 하는 일에 대해 소명 의식이 있다-50대 66.8%, 40대 55.6%, 30대 48.8%, 20대 51.2%), 지금 하는 일을 계속하려는 의지도 강했다(나는 지금의 일(직업)을 평생 할 것이다-50대 44.4%, 40대 33.2%, 30대 23.2%, 20대 24.0%).[33] 물론, 이 결과는 연령이

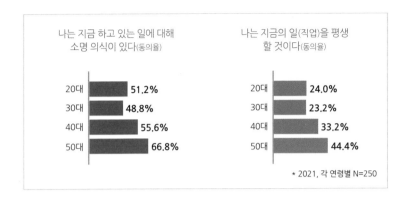

나는 지금 하고 있는 일에 대해
소명 의식이 있다(동의율)

20대	51.2%
30대	48.8%
40대	55.6%
50대	66.8%

나는 지금의 일(직업)을 평생
할 것이다(동의율)

20대	24.0%
30대	23.2%
40대	33.2%
50대	44.4%

* 2021, 각 연령별 N=250

높아지면서 이직의 가능성과 대안이 낮아지는 것과 관련이 있을 수밖에 없다. 다만, 한 회사(또는 조직)의 지속성을 놓고 보았을 때 현재의 2030세대에게 주도권을 주기에는 불확실성이 큰 것도 부정할수 없는 사실이다. 프리랜서가 아닌 이상 50대의 경우 현실적으로조직 내에서의 일을 지속할 수 있는 물리적인 시간이 얼마 남지 않았다는 것을 감안하면, 향후 조직 내에서의 일의 주도권(실무적으로나 관리적으로나)은 40대에게 주어질 수밖에는 없어 보인다.

세 번째, 2030세대의 높은 일상적 통제감은 높은 자기 계발 욕구와 밀접한 관련이 있다는 점이다. 일상을 자신의 관리하에 두려면관련된 지식이나 상황에 대한 이해가 빠르고 넓어야 하기 때문이다. 조사 결과에서도 이런 패턴이 나타나는데, 20대와 30대는 자기자신을 가장 확실한 투자 대상으로 보는 경향이 매우 강했으며(20대66.0%, 30대 70.3%), 이런 맥락에서 이러닝e-learning 등으로 실제 자기계발 경험을 하는 비율도 매우 높았다(20대 83.8%, 30대 81.7%).[34] 이렇게 되면 2030세대를 중심으로 한 자기 계발 시장은 상당 기간 지

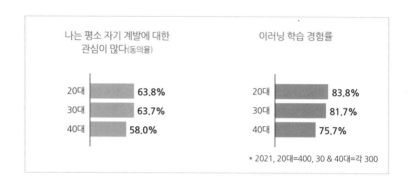

속적으로 성장할 가능성이 있다. 특히 이러닝을 통한 자기 계발의 기본값이 될 수 있을 것으로도 보인다. 코로나 팬데믹 시기를 맞아 오프라인 학습에 비해 비대면의 강점이 부각되면서 이러닝 학습 분야의 경험률은 10년 전인 2011년에 비해 급격하게 늘어난(이러닝 학습 경험률 68.4%(2011) → 80.7%(2021))[35] 상황이다.

끝으로, 2030세대가 조기 퇴직을 많이 하고, 회사에서의 인간관계를 힘들어하는 현상을 면밀히 살펴볼 필요가 있다. 단기적으로는 'FIRE족(50세 이전에 경제적 자유를 얻어 자발적인 조기 은퇴를 추진하는 사람들)'의 탄생과 맞닿아 있는 현상이지만, 조기 퇴직은 중·장기적으로 '일의 본질적 가치' 중 하나인 '사람들과 상호작용을 통한 자기 정체성을 확인'하는 기회를 잃게 하는 것일 수 있다. 일은 생존을 위한 최소한의 경제적 가치를 만들어내는 활동이기도 하지만, 동시에 본질적으로는 한 개인의 정체성에 해당하는 활동을 담고 있는 것이기 때문이다. 사람들은 일을 통해서 자신이 어떤 사람으로 비칠 것인지, 어떤 일이 적성에 맞고, 어떤 일이 나에게 행복감을 주는지를 끊임없이 확인한다. 일에 관한 철학을 연구하는 미국 로욜라대학교 철학과의 알 지니 교수는 일의 과정이 주는 의미를 다음과 같이 설명한다.

> 인간은 프로젝트와 생산품, 업무를 통해 남들에게 자신을 알리며, 스스로를 인식하고 규정한다. 일을 하면서 성과를 내지 못한 사람은 자신을 완전한 인간으로 느낄 수가 없다. 주관적인 경험은 너무 산만하고 추상적이어서 자아 정체성 확립에는 그다지 영향을 미치지 못한다. '느낀다'는 말은 '해냈다'는 말보다 개념적으로 명확하지 않다. 사람에게 살면서 '일'만큼 객관적으로 자아를 깨닫게 해주는 건 없다.
>
> — 알 지니, 《일이란 무엇인가》, p.23

알 지니 교수가 정의하는 '일'은 개인의 정체성을 드러내는 가장 명확한 활동이다. 일을 해야 하는 모든 상황에서 자신의 활동이 만들어내는 생산물과 일과 엮여 있는 모든 사람들과의 상호작용에서 오는 피드백을 온전히 받으며 자아 정체성을 확인하는 활동인 것이다. 모든 직장인들의 이직 이유가 연봉이라는 단 하나의 경제적 가치에 의해서만 움직이는 것이라면 직장인들이 매일의 수고를 들여 하는 일은 의미 부여도 힘들 뿐 아니라, 그 일을 지속할 수도 없게 된다. 일은 본질적으로 '사회적'인 것이기 때문이다.

MZ세대가 생각하는
좋은 직장이란?

자부심과 상대적 박탈감 그 사이

직장인들의 은밀하고 ❞
솔직한 해우소

"너 블라인드에 올라온 글 봤어?"

친한 직장 동료가 조심스레 말을 건넨다. 뭐지? 말의 뉘앙스를 보니 뭔가 터진 게 분명하다. 굳이 이렇게 말을 꺼낸다는 건 보통 회사에 지금 어떤 이슈가 터졌거나, 커다란 논쟁이 벌어지고 있다는 걸 의미한다. 궁금해하지 않을 재간이 없다. 내가 알고 있는 그 이슈를 얘기하는 건가, 아니면 그새 또 새로운 이슈가 터진 걸까? 뭐가 됐든 입과 귀가 근질근질한 걸 참을 수 없다. 그렇게 시작된 대화는 좀처럼 끝나질 않는다. 해당 글에 대해 주저리주저리 떠들고 나니, 다른 이야기들이 꼬리에 꼬리를 문다. "도대체 우리 회사는 뭐 하는 거래?", "그 팀장 때문에 X짜증 나", "걔 진짜 개념 없어. 하는 일도 없으면서……". 이렇게 회사와 동료 선후배에 대한 불만과 '뒷담화'를 한참이나 늘어놓고 나서야 대화는 겨우 끝이 난다. 뭔가 응어리진 감정들을 쏟아내고 나니 속이 시원한 느낌이다. 그래, 이런 맛이 있으니까 힘들어도 꾹 참으면서 직장 생활을 한다는 생각, 분명 나만 하는 것은 아닐 거다(제발 그래야만 한다).

그나저나 '블라인드'는 대체 뭐란 말인가, 하는 궁금증을 가진 직장인들도 분명 적지 않을 것이다. 블라

익명 직장인 커뮤니티
플랫폼 '블라인드'

익명 기업 정보
플랫폼 '잡플래닛'

인드는 '잡플래닛'과 함께 '익명성'을 기반으로 각 회사의 구성원들이 모여 개인의 의견을 마음껏 표출하는 공간인 '직장인 익명 커뮤니티'를 대표한다. 요즘 직장인들, 특히 20~30대 젊은 직장인이라면 한 번쯤 이용해봤거나 들어봤음 직한 사이트다. 이곳에서는 다양한 회사 정보가 공유되고, 솔직한 의견이 개진되며, 회사 및 조직 문화에 대한 불만과 분노가 거리낌 없이 표출된다. 직장인들에게는 일종의 '해우소' 같은 역할을 하고 있다고 보면 된다. 궁금하다면 지금 한번 접속해보자. 우리가 다니고 있는 회사에 대한, 생각보다 많은, 그리고 솔직한 이야기들이 오가고 있다.

사실 직장인 익명 커뮤니티는 지난 몇 년 사이 직장인들에게는 물론 우리 사회에도 알게 모르게 상당한 영향력을 끼치고 있는 중이다. 특유의 '익명성'을 기반으로 터져 나오는 직장인들의 다양한 목

소리 중에서, 때로는 사회문제로 크게 비화되는 일이 잦아지고 있는 것이다. 우리 사회의 대표적인 '갑질 사례'로 꼽히는 2014년 대한항공 KE086 편의 '땅콩 회항 사건'도 바로 블라인드 앱에서 시작되었다.[36] 2015년 두산인프라코어의 '20대 신입 사원의 명예퇴직', 2018년 아시아나항공의 '기내식 대란'과 같은 논란[37]도 마찬가지다. 그리고 2021년에는 국내 IT 대표 기업인 카카오와 네이버에서 직장 내 괴롭힘과 따돌림의 피해를 호소하거나 고발하는 게시글[38]이 올라와 국민들의 공분을 산 일이 있었다. 그런가 하면 TV 수신료 인상이 본격화되면서 억대 연봉자에 대한 논란이 나오자 "억대 연봉 부러우면 입사하든지"라고 되받아친 KBS 직원, 한국토지주택공사 직원들의 부동산 투기 사건이 터지자 "아니꼬우면 LH로 이직하든가"라고 적반하장의 글을 올린 LH 직원의 사례[39]도 직장인 익명 커뮤니티를 통해 알려진 일이었다. 이렇듯 현재 직장인 익명 커뮤니티는 직장인들의 은밀한 해우소가 되는 동시에 직장 내 문제점과 국민의 상식에 어긋나는 태도를 고발하는 역할을 하고 있다.

회사에서는 침묵하는 "
직장인들

그런데 문득 궁금해지는 것이 있다. 왜 많은 직장인들은 '굳이' 직장인 익명 커뮤니티에서 불만을 표출하고, 부조리함을 고발하고 있는 것일까? 사내 (익명) 게시판에다 글을 쓸 수도 있고, 평가 시즌이 되면 회사에 바라는 것을 말하거나, 직접 팀장이나 부서장에게 면담을 신청할 수도 있을 텐데 말이다. 하지만 정작 대부분의 직장인들은 이러한 소통에 상당한 부담을 느끼고, 꺼리고 있었다. 평소 사내 게시판과 부서장 면담 등의 경로를 통해 회사에 의견을 개진한다는 직장인은 3명 중 1명 정도(36.3%)[40]에 그쳤을 뿐이다. 그 얘기인즉, 웬만해서는 자신의 의견을 회사에 '직접' 피력하지 않고 관망만 하는 직장인이 훨씬 많다는 뜻이다. 어쩌면 회사의 임원들은 이렇게 생각할지도 모른다. "아, 우리 직원들은 회사에 별로 불만이 없구나." 그렇다면, 정말 큰 착각이다.

경영진의 '착각'과는 달리 진짜 속내는 이러했다. 어차피 의견을 내봤자 달라지는 것은 없다(65.7%, 중복 응답)[41]는 것이다. 그만큼 회사에 대한 기대감 자체가 없다는 것을 의미한다. 또한 괜히 회사에 이야기했다가 '낙인'찍힐 것 같다는 두려움도 컸으며, 아예 의견을

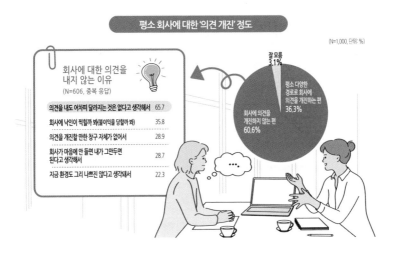

평소 회사에 대한 '의견 개진' 정도

(N=1,000, 단위: %)

회사에 대한 의견을
내지 않는 이유
(N=606, 중복 응답)

의견을 내도 어차피 달라지는 것은 없다고 생각해서	65.7
회사에 낙인이 찍힐까 봐(불이익을 당할까 봐)	35.8
의견을 개진할 만한 창구 자체가 없어서	28.9
회사가 마음에 안 들면 내가 그만두면 된다고 생각해서	28.7
지금 환경도 그리 나쁘진 않다고 생각돼서	22.3

잘 모름
3.1%

평소 다양한
경로로 회사에
의견을 개진하는 편
36.3%

회사에 의견을
개진하지 않는 편
60.6%

개진할 창구 자체가 없다는 하소연도 많은 편이었다. 결국 회사에 대한 낮은 기대감과 불이익을 받을지도 모른다는 두려움이 직원들로 하여금 스스로의 눈과 입을 가리게 만들고 있다는 이야기다. 이런 맥락에서 보자면 직장인 익명 커뮤니티의 인기는 여전히 폐쇄적이고, 수직적인 한국 사회의 직장 내 조직 문화가 만들어낸 자연스러운 결과물이라고도 말할 수 있을 것이다. 게다가 직원들에게 의견을 개진할 수 있는 통로조차 열어주지 않는 회사들도 존재한다는 사실(기업 규모가 작을수록 그럴 가능성이 클 것이다)도 꼭 짚고 넘어가야만 한다. 그만큼 현재 많은 회사들이 직원들의 고충을 잘 헤아리지 못하고, 목소리를 듣지 않으며, 제대로 소통하지 못하고 있는 것이다. 그래서 많은 직장인들이 익명 커뮤니티에서라도 목소리를 내고 있다. 어차피 대놓고 하지 못하는 말, 뒤에서라도 속 시원하게 하자는 생각인 것이다.

재택근무로 심화된 ”
소통 단절

또 한 가지, 주변에 '속마음'을 털어놓을 동료가 별로 없어서라는 가정도 해봄 직하다. 본문 처음에 예시로 든 상황과는 달리 시시콜콜하게 동료와 직장 소식을 공유하고, 서로의 속내를 털어놓는 것이 요즘 직장인들에게는 힘든 일일지도 모르기 때문이다. 사실 어느 조직에서나 '뒷담화'는 일상적으로 일어난다. 어쩌면 지금 이 순간에도 회사 내 누군가가 당신을 흉보고 있을 수도 있다. 그런데 그러기 위해서는 중요한 전제 조건이 필요하다. 바로 마음을 터놓고 얘기할 수 있을 만큼 '친밀한 관계'를 맺고 있는 직장 동료이다. 직장 선후배의 흉을 보든, 회사의 경영 방침에 짜증과 화를 내든, 자신의 감정을 솔직하게 털어놓을 수 있는 동료가 있어야만 뒷담화도 가능하다. 하지만 요즘 직장인들은, 특히 젊은 층일수록 평소 속마음을 털어놓거나 사적인 이야기를 할 정도의 각별한 동료가 별로 없는 모습이다. 또한 동료

출처: SBS 뉴스

에게 사적인 얘기를 털어놓는 순간 오히려 그게 약점이 되는 것 같다는 생각도 적지 않은 것 같다.[42] 이렇게 솔직하게 마음을 털어놓을 수 있는 동료가 없다는 점은 회사와의 '심리적 거리감'을 만들며, 회사에서 '자발적인 아싸'를 자청하게 만드는 원인이 되기도 한다.

코로나19의 확산으로 인한 '재택근무'의 전면적인 도입은 이러한 상황을 더욱 심화한 것으로 보인다. 재택근무로 '비대면' 근무가 일상화되면서 동료들과 직접 만나거나, 대화하는 일이 눈에 띄게 줄어들다 보니 직장 내 소통이 더욱 더 단절된 것이다. 아무리 친했던 동료라 하더라도 함께하는 술자리와 식사, 혹은 가벼운 담소가 줄어든다면 심리적 거리가 예전 같을 수 없다. 실제 많은 재택근무 경험자가 이전에 비해 직장 동료와의 친목 교류(증가 8.0% vs. 감소 54.7%)와 회사 사람들과의 커뮤니케이션 총량(증가 12.8% vs. 감소

47.7%)의 비중이 줄어든[43] 것을 느끼고 있
었다. 또한 2021년 8월 말 발표된 한 조사
결과에서는 직장 생활에서 겪는 가장 큰
애로 사항으로 '비대면으로 인한 인맥 관리
의 어려움'이 꼽혔다.[44] 특히 코로나가 발
생한 이후 새로 입사한 직장인들이 소통의

팬데믹 이후
(사무실에 복귀해도)
대인 관계 적응이
불편할 것이다
49.0%

출처: 미국심리학협회(APA)
(※미국 18세 이상 성인 3,013명 대상 설문 조사)

단절을 더 많이 느낄 가능성이 높다. 최근에 입사한 동료들의 얼굴
을 한번 떠올려보자. 인사는 하고 있을지언정 마스크 없는 맨 얼굴
을 보지 못한 직원이 상당수일 거다. 이들은 함께 일할 동료들과 제
대로 인사도 나누지 못한 채 재택근무에 들어갔으며, 출근 시에도
마스크를 쓰다 보니 얼굴을 아는 사람이 별로 없다. 당연히 회사에
대한 사소한 궁금증조차 물어보기가 쉽지 않고, 홀로 일하는 것 같
다는 생각에 외로움을 느낄 수밖에 없다. 이렇게 회사에 별다른 소
속감을 느끼지 못하는 직원들이 하소연할 곳은 과연 어디일까? 아
마도 똑같이 모르는 사람들밖에 없는 직장인 익명 커뮤니티에서 회
사 정보를 얻고, 궁금증을 해소하며, 감정을 분출할 가능성이 클 것
이다.

직장인들이 진짜 원하는 ,,
좋은 직장

이쯤 되면 직장인 익명 커뮤니티의 인기가 많은 것이 충분히 이해

가 된다. 그런데 여기서 한 가지 궁금증이 더 생긴다. 익명 커뮤니티를 통해서라도 의견을 표출하고, 정보를 공유하고, 감정을 해소하려는 '진짜' 이유 말이다. 한번 익명 게시판에 올라오는 글들의 내용을 잘 살펴보자. 주로 조직 문화와 복지 제도, 불평등한 처우에 대한 비판이 쏟아진다. 모두 불평불만인 것처럼만 느껴지지만, 공통점을 발견할 수 있다. 바로 변화를 요구한다는 사실이다. 바꿔 말하면, 현재 불충분하고 불합리하며 부조리하다고 생각되는 문제들이 '개선'되기를 바라는 희망이 존재한다는 뜻이다. 직장인 익명 커뮤니티가 그저 자유롭게 이야기를 꺼내놓고, 감정을 표출하기 위해 필요한 통로 이상의 의미를 가지고 있는 것이다. 만약 회사에 대한 애정과 관심이 '1'도 없다면 구태여 자신의 의견과 감정을 표출하거나, 비판을 할 이유도 없다. 회사에 대한 불만을 쏟아내는 것도 미우나 고우나 '우리 회사'라는 자각심이 있고, 애정과 관심을 가지고 있어야만 가능한 일이다. 궁극적으로는 결국 '좋은 직장'을 다니고 싶은 마음이 담겨 있는 것이다.

'좋은 직장'에 다니고 싶지 않을 직장인은 당연히 없다. 그래서 조금이라도 좋은 직장에 다니기 위해 혈안이 된다. 그런데 참 모호한 것이 '좋은 직장'의 정의다. 과연 어떤 회사가 좋은 직장인 걸까? 정답은 없다. 서로 중요하게 생각하는 가치가 다르고, 이상적인 회사의 모습이 다르기 때문이다. 그 말인즉 직장인의 77.5%가 공감하는 것처럼 좋은 직장은 개인의 주관적인 만족에 따라 달라질 수밖에 없다는 뜻이다. 절반 이상의 직장인(54.5%)은 '누구에게나 좋은' 직장은 존재할 수 없다고 말하기도 한다.[45] 그럼에도 대부분의 직장인들이 원하고, 일하고 싶어 하는 회사는 있기 마련이다. 그러한 회사들이 어떤 점에서 직원들에게 만족감을 주고, 일하고 싶은 직장으로 꼽히는지를 살펴보면, 직장인이 생각하는 좋은 직장의 모습에 접근할 수 있다.

글로벌 '꿈의 직장' 중 하나인 '마이크로소프트ᴹˢ'는 코로나 사태에 가장 성공적으로 대응한 기업으로 꼽힌다. 코로나 팬데믹 상황에서 다른 기업들이 뒤늦게 대책을 세운 것과는 달리 MS는 처음 중국에서 코로나가 발생했을 때부터 매뉴얼을 만들어 다양한 시나리오에 대비했다. 가장 눈에 띄는 점은 '사소한' 부분에서 직원들을 배려하는 태도였다. 갑작스럽게 재택근무에 돌입하다 보니 업무 환경이 제대로 갖춰지지 않은 채 일해야 하는 직원이 있을 수밖에 없는데, MS에서는 그러한 직원들을 위해 사무용 노트북은 물론 의자까지도 일일이 배송을 해줬다. 별것 아닐 수 있지만, 생각보다 직원들은 이러한 사소한 배려에 감동하고, 회사가 나를 챙겨주고 있다는 느낌을 받고 있었다. 그런가 하면 미국 경제잡지 〈포춘ᶠᵒʳᵗᵘⁿᵉ〉이 선정한 '2020년 일하기 좋은 100대 기업'[46]에 꼽힌 소비자 금융 서비스 회사 '싱크로니'는 직무 기술 향상 프로그램에서 높은 평가를 받는 기업 중 하나다. 직원들에게 새로운 직무 기술을 교육하고, 수요가 높은 분야에서 인재를 확보할 수 있도록 공공 분야와 협력하며, 학교에서 재교육을 받고자 하는 직원들에게는 연 최대 2만 4,000달러의 학비를 지원한다. 평생직장이 사라지고, 끊임없는 자기 계발이 요구되는 시대인 지금, 직원들에게 다양한 교육의 기회를 제공하는 회사에 만족감을 느끼지 않을 직장인은 없어 보인다.

한 끗 차이의 ”
복지 제도

국내에도 직장인들이 일하고 싶어 하는 기업의 사례가 있다. 잡플래닛이 발표한 '2021 상반기 일하기 좋은 회사'[47]에 꼽힌 기업들을 살펴보면, 공통적으로 재직자로부터 '일과 삶의 균형(워라밸)'과 '상호 존중', '수평적인 조직 문화', '합리적인 의사 결정', '복리 후생', '직원에 대한 배려'의 측면에서 좋은 평가를 받고 있었다. '유연한 조직 문화'와 '차별화된 복지 제도'가 좋은 직장을 가늠하는 중요한 기준점이 되고 있는 것이다.

그런데 한 가지 눈에 띄는 부분이 있다. 생각보다 '연봉'에 대한 이야기는 많지 않다는 것이다. 직장 생활도 어차피 먹고살기 위함이기 때문에 직장인들이 더 많은 연봉을 마다할 리는 없다. 하지

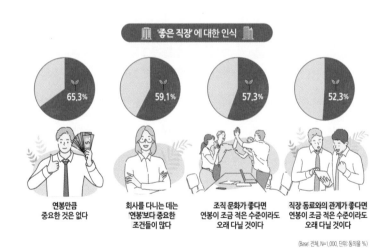

🏛 '좋은 직장'에 대한 인식 🏢

65.3%	59.1%	57.3%	52.3%
연봉만큼 중요한 것은 없다	회사를 다니는 데는 '연봉'보다 중요한 조건들이 많다	조직 문화가 좋다면 연봉이 조금 적은 수준이라도 오래 다닐 것이다	직장 동료와의 관계가 좋다면 연봉이 조금 적은 수준이라도 오래 다닐 것이다

(Base: 전체, N=1,000, 단위: 동의율 %)

만 직장인들의 마음속에는 연봉만큼 중요한 것이 없다는 생각(동의, 65.3%)과 연봉보다 중요한 조건들이 많다는 생각(동의, 59.1%)[48]이 공존하고 있다. 연봉이 매우 중요한 요소이기는 하지만 전부는 아니라는 것을 인식하고 있는 것이다. 실제 '조직 문화'가 좋다면, 그리고 '직장 동료와의 관계'가 좋다면, 연봉이 조금 적은 수준이라도 오래 다닐 것이라고 말하는 직장인들을 쉽게 찾아볼 수가 있었다.[49]

반면 복지 제도는 개인의 능력이나 연차, 직무와 관계없이 같은 회사 직원이라면 누구나 함께 누릴 수 있는 공통적인 혜택이라는 점에서, 가장 평등하고 공정한 기준점이라고 생각하는 직장인이 많다. 그러니 조직 문화와 복지 제도는 일종의 '권리'라는 인식이 훨씬 강할 수밖에 없을 것이다. 게다가 연봉과는 달리 조직 문화와 복지 제도에 대한 요구는 얼마든지 수용될 수 있으며, 실제 변화로 이어지는 사례도 적지 않다. 그래서 직장인들 사이에서는 다음과 같은 인식이 깊게 깔려 있는 듯하다. 연봉에 대한 불만족으로 퇴사 및 이직을 하는 것은 '내 문제'이지만, 복지 제도, 조직 문화 때문에 회사에 대한 불만을 갖게 되고, 그것이 퇴사와 이직으로 이어지는 것은 어디까지나 '회사의 문제'라는 생각 말이다. 그렇기에 충분하다고 느껴지지 않는 월급보다는 불합리하고 불공정하다고 생각하는 복지 제도에 훨씬 더 예민하게 반응한다. 특히 차별화된 복지 제도는 높은 연봉만큼이나 중요한 것이라고 말할 정도로(동의, 77.8%),[50] 현재 재직 중인 회사가 얼마나 '차별화된 복지 제도'를 갖추고 있는지를 매우 중요하게 생각한다. 차별화된 복지 제도는 직장인들에게 일시적인 만족감만을 주는 데서 그치지 않고, 회사를 오래 다니게

하는 효과적인 유인책이자 직장 생활의 지속 여부에 큰 영향력을
끼치는 중요한 요인이 되고 있다.[51]

자부심과 "
상대적 박탈감 사이

더욱 중요한 것은 '차별화된 복지 제도'가 알게 모르게 회사와 직원
들의 '감정적인 교류'를 가능케 한다는 사실이다. 회사의 복지 제도
가 좋다는 생각이 들었을 때 회사로부터 인간적인 존중(동의, 82.4%)
과 충분한 대우(동의, 82%)를 받는다고 느끼는 직장인이 무려 10명
중 8명 이상[52]으로 많았던 것이다. 그저 경제활동을 위해 어쩔 수
없이 회사를 다니는 것과 인간적인 존중과 대우를 받는다고 생각하

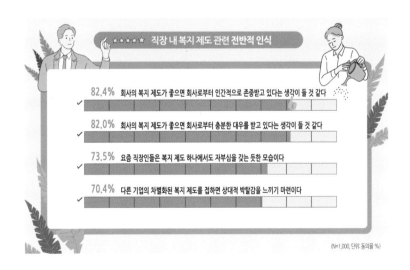

★★★★★ 직장 내 복지 제도 관련 전반적 인식

82.4% 회사의 복지 제도가 좋으면 회사로부터 인간적으로 존중받고 있다는 생각이 들 것 같다

82.0% 회사의 복지 제도가 좋으면 회사로부터 충분한 대우를 받고 있다는 생각이 들 것 같다

73.5% 요즘 직장인들은 복지 제도 하나에서도 자부심을 갖는 듯한 모습이다

70.4% 다른 기업의 차별화된 복지 제도를 접하면 상대적 박탈감을 느끼기 마련이다

(N=1,000, 단위: 동의율 %)

며 회사를 다니는 것은 직장 생활에 임하는 기본적인 마인드에서부터 차이가 있을 수밖에 없다. 그리고 이렇게 회사로부터 존중을 받고 있다는 생각은 회사에 대한 애정과 직장 생활의 만족감으로 이어질 수 있다. 복지 제도 하나에서도 '자부심'을 갖기 마련이라는 주장에 공감하는 직장인이 73.5%나 된다는 사실이 이를 뒷받침해준다. 다른 회사보다 복지 제도가 차별화되어 있다면, 직원들이 '우리 회사'라는 소속감과 유대감을 더 많이 갖게 된다는 것이다.

반면, 다른 회사보다 복지 제도의 수준이 낮다면? 직장인 대다수가 공감하는 것처럼 다른 기업의 차별화된 복지 제도를 접할 때마다 '상대적 박탈감'을 느낄 수밖에 없다(동의, 70.4%).[53] 그렇지 않아도 평소 주변 사람들과 자신의 직장 생활을 비교하는 직장인들이 많은데, 다른 회사보다 복지 제도가 좋지 않다는 사실이 주는 상대적 박탈감은 근무 의욕의 저하와 회사에 대한 불만으로 이어질 것이 분명하다. 더욱이 회사에 대한 소속감이 약한 젊은 직장인일수록 다른 회사와 비교를 많이 한다는 점(20대 60%, 30대 50.8%, 40대 48.4%, 50대 38.4%)[54]에 주목할 필요가 있다. 앞에서 살펴본 '직장인 익명 커뮤니티'의 인기가 젊은 직장인들에게서 많은 이유와 무관하지 않아 보인다. 특히, 지금의 '코로나 팬데믹' 상황은 회사에 대한 자부심과 상대적 박탈감의 간극을 더욱 크게 만들고 있다. 코로나 위기에 대응하는 과정에서 다양한 복지 제도와 정책을 통해 직원들의 안전을 신경 쓰고, 배려해주는 회사와 그렇지 않은 회사가 뚜렷하게 구분되었기 때문이다. 회사의 위기 대응 능력을 바라보면서, 다른 회사와 더욱 직접적인 비교를 하게 된 것이다. 더 나아가 자신이 회사로부터 제대로 된 대우를 받고 있는지도 자세히 들여다보게 됐다. 이러한 경험을 통해 이전보다 회사 '복지 제도'의 중요성을 더 절실하게 느끼게 된 직장인들이 많아 보인다. 그만큼 차별화된 복지 혜택이 있는 회사, 직원들을 먼저 배려해주는 회사, 즉 '좋은 직장'을 다니고 싶은 마음이 어느 때보다 클 것으로 예상된다.

So what? 〃
시사점 및 전망

코로나 시대를 맞아 경제 불확실성이 커지고 고용 안정성이 약화되면서, '좋은 직장'을 선택하려는 직장인들의 태도는 어느 때보다 신중하고 간절해졌다. 기본적으로는 내가 다닐 회사가 얼마나 탄탄하고 고용 안정이 보장되는지, 그리고 이왕이면 연봉 수준이 괜찮은지를 고려하겠지만, 뭔가 그 이상의 것이 중요해지고 있다는 생각을 하게 되는 요즘이다. 더욱이 코로나가 언제 종식될지 모르는 불확실성 때문에 코로나 시절 겪은 재택근무와 같은 근무 형태의 경험이 당분간 지속되거나, 혹은 지금보다 더욱 일상적인 근무 방식으로 자리 잡게 될 가능성이 높다. (장점도 분명히 존재하지만) 이렇게 되면 앞으로 직장인들은 지금보다 더 직장 내 인간관계 및 소통에 어려움을 겪을 것이고 회사에 대한 '소속감'은 옅어질 개연성이 커 보인다. 게다가 회사와 공간적으로 분리되는 경험이 많아지면서, 보다 객관적인 시각에서 주변의 친구 및 지인들, 그리고 익명의 공간에서 만나는 다른 직장인들의 회사와 직접적인 비교를 하게 될 가능성도 높다. 이러한 관점에서, 앞으로 '좋은 직장'을 둘러싼 '직장인들의 태도'와 이에 대한 '회사의 대응'이 어떻게 전개될지를 점검해보는 작업은 매우 중요하다 할 수 있겠다.

첫 번째 예상되는 점은, 좋은 직장에서 일하고 싶은 마음이 현실화되지 않을 경우 직장인 개개인이 할 수 있는 선택에 관한 것이다. 안타깝게도 현재 많은 직장인들은 좋은 직장을 만들려는 기업을 찾는 것이 어렵고(동의, 68.3%), 직원의 입장을 먼저 생각하는 회사가 별로 없는 것 같다(동의, 67.9%)고 말할 정도로,[55] 좋은 직장의 부재를 많이 체감하고 있는 중이다. 그리고 설사, 꿈 같은 '좋은 직장'이 있다 한들 내가 그 직장에 들어갈 가능성은 거의 로또에 가깝다고 생각한다. 이런 상황 때문에 예상되는 직장인들의 태도가 한 가지 있다. 바로 '익명성'을 무기로 보다 '적극적이고', '뾰족하게' 회사에 대한 비판을 제기하는 직장인들이 지금보다 더 많아질 것이란 점이다. '좋은 직장'을 다닐 수 있는 가장 손쉬운 방법은, '내가 지금 다니고 있는 회사를 좋은 직장으로 만드는 것'이기 때문이다. 그런데 아무리 목소리를 내도 회사가 귀를 닫고 변화하지 않는다면 어떤 선택을 할 수 있을까? 아마도 직장인들은 '월급만큼만' 일해야겠다는 결심을 할 가능성이 매우 높다. 좋은 직장에 다니는 것도 아닌데, 남들만큼 제대로 대접을 받지도 못하는데, 왜 월급보다 더 많은 일을 그것도 더 열심히 해야 한다고 생각하겠는가? 회사 입장에서는 몹시 서운하게 들리겠지만 기본적으로 회사가 자신의 월급보다 더 높은 성과를 요구하는 것 같다고 생각(동의, 66.7%)[56] 하는 요즘 직장인들에게는 무척 자연스러운 생각의 전환일 수 있다.

그렇다면 회사들은 향후 어떤 대응을 해야만 할까? 자칫 '뻔한' 이야기일 수 있지만 오히려 직원들에게 더 많은 '대나무 숲'을 만들어주는 승부수를 던지는 방안이 필요하다. '직장인 익명 커뮤니티'의 인기에서 알 수 있듯이 현재 회사와 제대로 된 소통이 이뤄지지 않는다는 생각에 자유롭게 목소리를 낼 수 있는 공간을 찾는 직장인들이 많다. 알아둬야 할 것은 직원들이 일부러 '긁어 부스럼'을 만들려고 하는 것은 아니란 점이다. 욕을 하고 흉을 볼지언정 이슈화를 원하진 않으며, 논란의 중심에 서고 싶어 하지도 않는다. 그럼에도 마땅히 말할 통로가 없으니까 외부에라도 외치는 것이다. 앞서도 언급했지만 좋은 직장을 다닐 수 있는 가장 손쉬운 방법은 내가 다니는 직장을 좋은 직장으로 만드는 것이라고 생각하기 때문이다. 이렇게 되면 차라리, 회사 내부에 직원들이 솔직하게 목소리를 낼 수 있는 공간을 마련해주는 것이 더 나을 수 있다. 직원들의 마음을 헤아려 진짜 좋은 회사를 만들기 위해서라도, 아니면 자칫 수습이 불가능해지고 평판 관리에 좋지 않은 상황이 생기는 것을 통제하기 위해서라도, 직원들의 숨겨진 '진짜' 목소리를 귀담아듣기 위한 경영진들의 노력에서부터 '좋은 직장'이 탄생할 가능성은 더더욱 높아질 수 있다.

세 번째 시사점은 '우리 회사'만이 제공할 수 있는 '한 끗 차이'의 복지 혜택에 대한 고민이 필요하다는 점이다. 사실 모든 기업이 구글과 마이크로소프트, 삼성이나 넥슨 같을 순 없다. 직원들 역시 무조건 대기업들이 제공하는 수준의 복지 혜택을 원하는 것도 아니다. 다만, 그렇게까지는 못해주더라도 회사가 얼마나 직원들을 생각하고 배려하는지를 느끼고 싶어 한다. 기업의 규모와 업종에 맞게 차별화된 복지 혜택을 제공하는 것은 충분히 가능한 일이다. 비대면 세탁 서비스를 운영하는 '의식주컴퍼니'의 경우 드라이클리닝 무료 서비스를, 여행 플랫폼인 '마이리얼트립'은 여행 상품 포인트를 직원들에게 제공하는 등 업종의 특성을 살린 복지 혜택을 마련하고 있다. 또한 내 집 마련에 어려움을 겪는 직원들을 위해 전·월세 보증금 대출 이자를 지원해주는 '크로키닷컴'의 사례처럼 현재 직원들에게 필요한 것이 무엇인지를 고민하는 기업도 적지 않다.

이렇게 기업의 특색에 맞게 차별화된 복지 혜택을 제공하기 위해서는 무엇보다 직원들이 정말 원하는 것이 무엇인지에 대한 고민이 필요하다. 그런 맥락에서 향후 HR 업무 및 인사 담당자의 위치와 중요성이 지금보다 더욱더 커질 필요가 있다. 현재 대부분의 회사들은 인사 담당 부서가 직원의 채용과 퇴사를 관리하는 데만 그치

특별한 복지 혜택을 제공하는 스타트업

회사명	특징	제공 복지 혜택
백패커	온라인 핸드메이드 마켓 '아이디어스' 운영	전 직원 200만 원 전자 제품 지급
크로키닷컴	여성 쇼핑 앱 '지그재그' 운영	전세, 월세 보증금 대출 이자 지원
와디즈	크라우드 펀딩 플랫폼 운영	전 직원 최소 1,000만 원 스톡옵션 지급
의식주컴퍼니	비대면 세탁 서비스 '런드리고' 운영	전 직원 드라이클리닝 무료
생활연구소	홈클리닝 스타트업	주 1회 청소연구소 서비스 지원
마이리얼트립	패키지 여행 플랫폼	연간 100만 마이리얼트립 포인트 제공
클래스101	온라인 강의 플랫폼	강의 무료 수강 지원

출처: 200만 원 가전에 월세지원까지…스타트업, 복지 공들이는 까닭(2021. 02. 15.), 아시아경제

는 경우가 많다. 반면 직장 생활에서 겪는 고충을 헤아리거나, 직원들이 무엇을 원하는지를 지속적으로 살피는 회사들은 그리 많지 않다. 차별화된 복지 제도의 운영은, 직원을 배려하고, 이해하는 마음이 있어야만 가능하다는 점에서, 인사관리와 복지 제도를 담당하는 부서에 더 많은 힘을 실어줄 필요가 있어 보인다. 회사에 대한 자부심을 느끼게 할지, 상대적인 박탈감을 느끼게 할지는 결국 회사의 몫이다. 차별화된 복지 제도에 만족감을 느끼면서 오랫동안 근무하고 싶어 하는 직원들이 많다면, 회사 입장에서도 좋고, 기업에 대한 호감도를 높여주기 때문에 좋은 인재를 끌어모으는 유인책도 될 수 있을 것이다. IBM 기업가치연구소IBM Institute for Business Value가 전 세계 CEO 3,000명을 대상으로 실시한 최근 설문 조사에서 중요한 힌트를 찾을 수 있다. 조사 대상 중 실적이 우수한 기업의 CEO의 77%가 단기 수익성에 영향을 주더라도 직원 복지를 우선할 계획이라고 답변한 반면, 실적이 저조한 기업의 CEO 중에서는 39%만이 같은 답변을 한 것이다.[57] 성공적으로 기업을 운영하고 있는 리더들은 지금 이 순간에도 그들의 직원에게 집중하며 차별화된 복지를 위해 노력을 하고 있다는 것을 보여준다.

그 연장선상에서 기업들은 '주 4일 근무 제도'의 도입에 관한 논의에 주목할 필요가 있다. 현재 직장인들이 주로 많이 원하는 복지 제도인 '조기 퇴근'과 '안식년 휴가', '유연 근무제'[58]에는 '워라밸'에 대한 바람이 담겨 있는데, 주 4일 근무 제도야말로 워라밸을 실현하기에 가장 좋은 제도로 여겨지고 있기 때문이다. 물론 아직은 시기상조일 수도 있다. 하지만 코로나 감염 우려로 재택근무를 비롯한 유

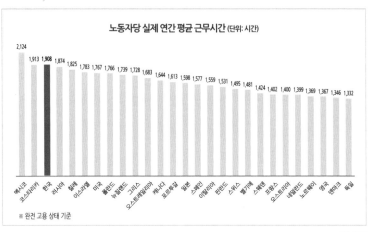

노동자당 실제 연간 평균 근무시간 (단위: 시간)

멕시코 2,124 코스타리카 1,913 한국 1,908 러시아 1,874 칠레 1,825 이스라엘 1,783 미국 1,767 폴란드 1,766 뉴질랜드 1,739 그리스 1,728 오스트레일리아 1,683 캐나다 1,644 포르투갈 1,613 일본 1,598 스페인 1,577 이탈리아 1,559 핀란드 1,531 스위스 1,495 벨기에 1,481 스웨덴 1,424 프랑스 1,402 오스트리아 1,400 네덜란드 1,399 노르웨이 1,369 영국 1,367 덴마크 1,346 독일 1,332

※ 완전 고용 상태 기준

출처: OECD

연 근무 제도가 본격적으로 시행되면서, 많은 직장인들이 우리나라의 노동시간이 과도하게 많고, 군이 회사에 오래 머물지 않더라도 업무에 큰 지장이 없다는 사실을 깨달은 상황이다. 일과 개인 생활이 양립할 수 있다는 것도 충분히 느꼈다. 이런 경험이 결국에는 '주 4일 근무 제도'로 눈길을 향하게 할 것이다. 물론 당장 실현될 가능성을 높게 평가하는 것은 아니지만, 이미 직장인의 73.6%는 주 4일

주 4일제 도입 기업 '에듀윌'의 직원 수, 매출 변화

※ 2021. 09 자료 - 잡코리아 기업 정보 기준

eduwill	주 4일제 도입 이전 (2019. 06 이전)	주 4일제 도입 이후 (2021. 09 기준)
직원 수	470명	900명
매출	815억 원	1,200억 원

출처: 우여곡절 끝에 시작한 '주4일제', 매출 378억 '껑충' (2021. 04. 13.) 머니투데이

근무 제도의 도입을 찬성하고 있는 상황이다.[59] 실제 종합 교육 기업 '에듀윌'처럼 주 4일 근무 제도를 도입한 이후 실적이 크게 상승한 사례도 찾아볼 수 있다. 직원들을 만족시킬 수 있는 차별화된 복지 혜택을 제공하기 위해 노력해야만 하는 기업의 입장에서도 향후 주 4일 근무 제도는 쉽게 간과하기 힘든 선택지가 될 것으로 보인다.

마지막 시사점은 직장인 스스로 가져야 할 고민과 관련된 것이다. 지금까지 다룬 '좋은 직장'에 대한 의견은 철저히 직원의 입장에서 바라봤다고 할 수 있다. 아마 기업과 경영진의 시각에서는 직원들이 맨날 요구만 하고, 자신들의 책임과 역할은 다하지 않는 것처럼 느껴질 수도 있다. 회사에 대한 요구는 직원들이 모두 제 몫을 한다는 전제에서 수용될 수 있다는 의미이기도 하다. 그런 면에서 볼 때 직원들도 우리 회사를 '좋은 직장'으로 만들기 위해 할 수 있는 스스로의 노력에 대해 고민할 필요가 있다고 생각된다. 좋은 직장은 결국 '조직 문화'와 밀접한 관련이 있다는 사실에서 출발해보자. 무엇보다도 핵심은 '인간관계'라고 할 수 있다. 직장 동료 및 선후배들과 좀 더 많은 시간을 갖고, 소통을 해야 한다는 이야기다. 물론 여전히 직장 생활에서 맺는 인간관계가 일상생활의 인간관계와 다를 수밖에 없다는 생각(동의, 72.8%)을 많이 한다.[60] 하지만 회사 역시 사람들이 모여서 생활하는 곳이다. 나와 마음이 잘 맞고, 나를 진심으로 이해해주는 동료가 있다면, 힘든 직장 생활을 하는 데 많은 도움이 될 것이다. 그 기반에서 좋은 조직 문화도 형성된다. 기본적으로는 회사가 다양한 '판'을 깔아줘야만 한다. 가령 비대면 시대에 입사한 직원들이 어떻게 하면 기존 직원들과 좀 더 유대감을 갖게 할지,

그래서 '내 회사'라는 생각을 갖게 만들지에 대한 고민은 회사의 몫이다. 그리고 코로나의 종식과 일상으로의 복귀가 가까워지고 있는만큼 직장인 개개인도 동료들과 직접 마주하고, 소통을 하기 위한'마음의 준비'가 필요해 보인다. 언제까지 직장인 익명 커뮤니티만찾을 수는 없는 노릇이다. 직장 내에서 친밀한 인간관계를 맺기 위한 노력이 어느 때보다 필요한 시점이다.

#워케이션
#재택근무

📎 2021 직장인 재택근무 경험 및 향후 지속 가능성 평가

워케이션의 확산,
모호해지는 일과 휴가의 경계 >>>

재택근무가 장기화되면서 직장인들의 휴가 문화도 달라지는 모습이다. 최근 기업들을 중심으로 원하는 장소에서 업무와 휴가를 동시에 소화하는 이른바 '워케이션(Work(일)와 Vacation(휴가)의 합성어)' 근무 형태가 확산되고 있다.[61] 종합 엔터테인먼트 기업 CJ ENM의 경우 2021년 하반기 창의적인 아이디어를 촉진하고 업무 능률을 높이기 위해서 '원격 근무지 제도'를 시범 도입했다.[62] 이러한 워케이션 제도에 대한 반응은 나쁘지 않은 모습이다. 2020년 에어비앤비가 진행한 조사에 따르면, 향후 워케이션의 의향이 있다는 응답은 61%

로 대중 소비자들의 관심이 많은 모습을 보였다. [63] 워케이션 문화가 확산되면서 호텔 업계에서는 '워캉스(워크+바캉스)' 패키지를 출시하며 코로나19 사태의 직격탄으로부터 회복에 나서고자 하는 모습이다. [64] '워라밸'이 중요해지고 있는 현상과 함께 재택근무의 확산으로 '사무실

출처: 강원도관광재단

근무'에 대한 인식이 달라지면서, 일과 휴가의 경계가 허물어지는 모습은 앞으로 뚜렷해질 것으로 예상된다.

재택근무와 임금 선택의 기로 〉〉〉

코로나19 이후에도 재택근무가 지속 가능할 것인가에 대해서는 아직까지 의견이 분분하다. 다만 향후 직장 생활과 회사 선택 등에 재택근무 경험이 끼치는 영향은 대단히 클 것이라는 게 전문가들의 중론이다. 그리고 재택근무가 보편화될 경우 이로 인해 '워라밸'과 '임금'을 둘러싼 노사 간 갈등이 쟁점화될 수 있다는 우려가 나온다. 실제로 최근 구글이 직원이 영구적인 재택근무를 선택했을 때 근무지 위치에 따라 급여가 달라지는 임금체계를 도입할 예정이라고 밝힌 데 이어, 페이스북, 트위터 등의 기업들도 재택근무에 따른 급여 삭감 정책을 도입하려는 움직임을 보이고 있다. [65] 당연히 근로자

56.4%
재택근무를 하던 사람들은
솔직히 예전과 같은
정상근무 형태로 돌아가는 것을
좋아하지 않을 것이다

44.9%
코로나19가 종식돼도 재택근무
근무 형태는 지속될 것 같다

들의 반발이 크지만, 중·장기적으로 봤을 때 '재택근무 지속'과 '임금 삭감'의 두 가지 조건 중 하나를 어쩔 수 없이 선택해야 하는 상황에 직면하게 될 것으로 예상된다. 현재 재택근무 경험자의 상당수는 재택근무 이후 사무실 근무가 힘들게 느껴지고(2020년 36.7% → 2021년 44.6%), 이전의 정상 근무로 돌아가는 것을 선호하지 않을 것(동의, 56.4%)[66]이라고 말하고 있다. 재택근무가 근로자 스스로 선택할 수 있는 근무 형태로 자리 잡게 된다면, 임금 삭감을 감수하고서라도 재택근무를 지속하고자 하는 직장인들이 적지 않을 것으로 예상되는 이유다.

#월급의 의미
#부수입

✎ 월급의 의미와 가치 관련 조사

'월급만큼만 일하기'의 속내 >>>

요즘 MZ세대 직장인들 사이에선 '월급만큼만 일하면 된다'는 인식
이 뚜렷하다. 4050 기성세대 직장인들이 '월급만큼만 일하면 결코
성장할 수 없다'고 생각하는 것과 완벽하게 대비되는 지점이다. 기
성세대들은 요즘 애들이 '열정'이 없어서 그렇다고 비판하지만, 그
들이 이런 태도를 취한 것에는 열정 이외에 분명 다른 이유가 있을
것으로 추정된다. 바로 열심히 일하는 데 필요한 '동기 부족'과 그로
인해 느끼게 되는 '업무 성취감 부재' 때문이다. 김성회 CEO리더십
연구소장은 "MZ세대는 기업에 맹목적인 충성심을 갖고 있지 않다"
면서, "그들에게 업무는 재미, 의미, 나^{Me}의 3미를 충족해야 한다"

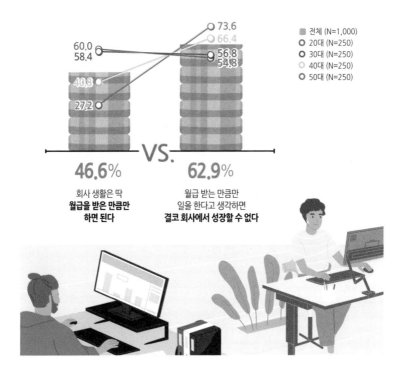

전체 (N=1,000)
20대 (N=250)
30대 (N=250)
40대 (N=250)
50대 (N=250)

73.6
66.4
60.0
58.4
56.8
54.8
40.8
27.2

VS.

46.6%

회사 생활은 딱
월급을 받은 만큼만
하면 된다

62.9%

월급 받는 만큼만
일을 한다고 생각하면
결코 회사에서 성장할 수 없다

고 말한다.[67] 결국 MZ세대 직장인들이 직장에서 월급 이상의 의미를 갖고 일하기 위해서는, 무엇보다 업무에서 '성취감'을 느낄 수 있게 하고 성과를 '공정'하게 평가하는 시스템이 필요하다는 생각을 하게 된다.

월급만으로는 충분하지 못한 사회 >>>

최근 국토교통부의 '2020년도 주거 실태 조사 결과'에 따르면, 수도

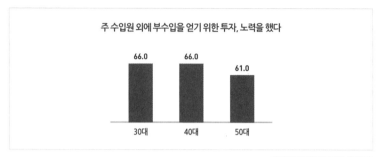

주 수입원 외에 부수입을 얻기 위한 투자, 노력을 했다

30대	40대	50대
66.0	66.0	61.0

출처: 신한은행, 2021 신한 미래 설계 보고서

권에서 집을 장만하려면 (월급을 한 푼도 쓰지 않고 모은다는 전제하에) 평균 8년이란 시간이 소요된다고 한다.[68] 요즘 직장인들의 관심이 '월급 외 부수입을 얻기 위한 투자 방안'에 있는 것이 매우 당연하게 느껴진다. 실제로 상당수가 '월급 외 부수입'을 위해 노력을 기울이는 것으로 나타났다.[69] 이렇게 재테크에 관심이 많은 직장인들이 늘어나면서, 최근 회사 차원에서 '무료 재무 컨설팅' 서비스를 제공하는 기업들도 많아지고 있다.[70] 재테크 전문가에게 주식이나 부동산 분야에 대한 상담, 컨설팅을 받을 수 있는 프로그램으로, 민간 기업뿐 아니라 공기업, 중소기업으로도 도입이 확산되고 있는 추세다. 이러한 흐름에 맞춰 온라인 클래스 플랫폼 업계에서는 직원들이 취미와 인문 교양은 물론 재테크와 관련한 다양한 강의를 수강할 수 있도록 하는 기업용 강의 구독 상품을 경쟁적으로 출시하고 있다.[71] 이제 기업에는 일반적인 복지 혜택을 넘어 '직원들의 니즈를 파악한' 복지 제도를 마련하는 것이 중요한 시대가 되었다는 것을 보여주는 변화이기도 하다.

#불목
#주 4일제

✐ 주 4일제 도입 관련 인식 조사

월화수목'토토일'의 기대 효과 ⟫⟫

지금으로부터 21년 전 주 5일제 도입이 처음으로 논의되었을 당시, 노동생산성 저하 등을 우려하며 "나라가 망할 수 있다"는 주장까지 나올 정도로 반대 의견이 많았었다. 하지만 도입 후 14년이 지난 지금, 실제 노동시간이 3% 줄어든 반면 노동 생산은 5%가량 상승한 것으로 나타났다. 전체 노동생산량은 오히려 늘었다는 분석이다.[72] 그리고 이제는 '주 4일제 도입'에 대한 이야기가 스멀스멀 나오고 있다. 코로나19 이후 워라밸의 중요성이 커지고, 재택근무로 노동생산성에 대한 인식이 변하면서 '주 4일제' 도입이 필요하다는 의견이 제기되고 있는 것이다. 워라밸을 확보하고 삶의 질이 올라갈 것이

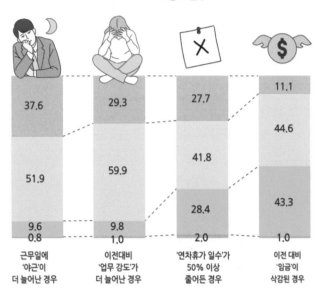

'주 4일제' 도입 업무 환경 변화 수용도

- 충분히 감수할 수 있는 상황이다
- 어느 정도 감수할 수 있지만, 힘은 들 것 같다
- 감수하기 어려운 상황이다(도입을 반대할 것 같다)
- 잘 모르겠다

	근무일에 '야근'이 더 늘어난 경우	이전대비 '업무 강도'가 더 늘어난 경우	'연차휴가 일수'가 50% 이상 줄어든 경우	이전 대비 '임금'이 삭감된 경우
충분히	37.6	29.3	27.7	11.1
어느 정도	51.9	59.9	41.8	44.6
감수하기 어려운	9.6	9.8	28.4	43.3
잘 모르겠다	0.8	1.0	2.0	1.0

란 기대감 외에 내수 경제와 환경에 긍정적 영향을 줄 것이란 예상도 많다. 하지만 기업의 부담과 노동강도 등이 증가할 것이라며 아직은 '시기상조'라고 말하는 반대 의견도 적지 않다. 주 4일제가 도입되어도 업무량은 같기 때문에 오히려 야근이 늘어나는 등 강도가 높아질 것이라는 게 주요 이유다. 특히 '임금 삭감'에 대한 우려가 상당하다. 실제 조사 결과 주 4일제 도입에 '찬성'하는 응답자의 43.3%가 이전보다 임금이 삭감된다면 도입을 '반대'할 것이라고 응

답한 점이 주목할 만하다. 향후 주 4일제 도입 논의에서 가장 중점적인 사항은 '임금 변화 여부'가 될 것이라고 예상해볼 수 있는 대목이다.

2022 대선 주요 이슈, 주 4일제 >>>

최근 세계적으로 주 4일제를 시범 도입하는 국가도 늘어나고 있는 추세다. 앞서 '주 4일제 실험'을 해왔던 국가들이 성공적인 결과를 발표하면서 제도 도입에 시동을 걸고 있는 국가들이 점점 확대되고 있는 모습이다.[73] 국내에서는 지난 서울 시장 선거에 이어 2022년 대선에 나서는 후보들까지 앞다퉈 주 4일, 주 4.5일제 도입 등의 근로시간 단축을 주요 공약으로 내세우고 있다. 이에 따라 향후 주 4일제가 대선의 중요한 이슈가 될 것이란 전망(동의, 41.6%)[74]도 적지 않다. 향후 국내 기업들의 제도 시행 추이와 정치권에서의 본격적인 논의 등을 관심을 가지고 지켜볼 필요가 있을 것으로 보인다.

주 4일 근무제 세계 각국 현황

일본	자민당, 정규직에 한해 주 4일 근무 허용하는 정책 준비 중
스페인	희망 업체에 한해 주 4일 근무 시 3년간 정부가 지원해주는 방안 논의 중
뉴질랜드	저신다 아던 총리가 지난해 5월 주 4일제 근무 제안
영국	노동당에서 2019년 총선에서 주 4일제 공약
핀란드	산나 마린 총리가 주 4일, 하루 6시간 근무제 제안

출처: 코로나가 불지핀 주4일 근무제 "워라밸 기대" vs. "생산성 저하" (2021. 03. 24.), 서울신문

#스텔스 이직
#N잡러

📎 2021 직업 소명 의식 및 포스트 코로나 시대 일의 의미 관련 조사

이직 플랫폼을 통한
'스텔스 이직' 증가 >>>

직장인들에게 이직은 중요한 이슈다. 사회가 빠르게 변하면서 미래에 대한 불안정성이 커지고, 평생직장의 개념이 흐려지고 있기 때문이다. 실제로 직장인 10명 중 7명이 이직 경험을 갖고 있을 만큼 이직은 직장인들 사이에서 흔하게 일어나고 있다. 이에 따라 나의 이력, 경력을 관리하고 이직에 도움을 주는 '이직 플랫폼'에 대한 관심도 높아지고 있다. 특히, 모바일 플랫폼 사용에 익숙한 MZ세대들을 중심으로 이직 플랫폼을 활용한 이직이 늘어나고 있는 모습이다. 과거에는 학연, 지연, 혈연을 수소문해 이직을 하곤 했지만,

다양한 구인·구직 플랫폼 서비스

플랫폼	서비스 내용
스펙터	동의 전제로 이전 고용주의 지원자 평판 조회 가능
커피챗	현직자, 이직 희망자 1:1 20분 단위로 익명 통화 연결
리멤버커리어	경력직 스카우팅 서비스, 고용주가 직접 채용 제안
묻다	현직자, 이직 희망자 5분 단위로 1:1 익명 통화 연결
원티드	지인 추천, 취업 성공 시 추천자/취업자에게 50만 원
프로그래머스	개발자 채용 시 코딩 실력 테스트 서비스
블라인드하이어	경력직 스카우팅 서비스, 고용주가 직접 채용 제안

출처: MZ세대는 소리 소문 없이 옮긴다… 구인앱 타고 '스텔스 이직' (2021. 08. 10.), 조선일보

최근에는 퇴근 후에도 온라인으로 간편하게 이직을 알아볼 수 있는 환경이 마련되면서 '스텔스 이직(소문 안 나는 이직)'이 증가하고 있다.[75] 코로나19 이후 경력직, 수시 채용 등이 늘어날 것으로 전망되는 가운데, 향후 이직 플랫폼 이용자는 더욱더 증가할 것으로 보인다.

생계형 부업과 다른
요즘 N잡러 >>>

직업에 대한 인식이 변화하면서, 최근에는 한 가지 직업만을 갖지 않고 여러 가지 일을 동시에 하는 'N잡러'가 각광을 받고 있다. 직무와 관계없이 '생계'를 목적으로 여러 직업을 갖는 사람들도 많지만 최근에는 직무나 재능, 취미 활동 등 자신의 능력을 살려 '사이드 잡'을 갖는 직장인들이 많아지고 있는 것이 특징이다. 가령 디자

이너들이 퇴근 후 '디
자인 외주 업무'를 하
거나, 개발자들이 개
인적으로 서비스를
출시하는 등 퇴근 후
본업 외의 사이드 프
로젝트를 진행하는

출처: SBS 스페셜 〈N잡시대, 부캐로 돈 버실래요?〉

것이 그 예다.[76] 특히 상대적으로 여유가 있는 3040 직장인들을 중
심으로 자신의 지식이나 인적 네트워크 등을 활용한 투잡이 늘어나
고 있는 점은 기존의 '생계형 부업'과는 다른 특징을 갖고 있다는 점
에서 주목할 만하다.[77] 이전보다 어떤 '일'을 하는지가 더욱 중요해
지고 있음을 시사하는 결과로, 회사에 얽매이지 않고 자신의 자아
실현을 목적으로 하는 N잡러들은 더욱 늘어날 것으로 예상된다.

엠브레인 패널 빅데이터®

- 직장인들의 대나무숲이라 불리우는 직장인 익명 커뮤니티 '블라인드', '잡플래닛' 등은 '익명성'을 담보로 각종 기업 내부문제를 고발하거나, 회사 내에선 할 수 없었던 다양한 의견 개진을 하는 곳으로 잘 알려져 있다.
- 그런데 이 App을 이용하는 응답자들이 비이용자 대비 구직 및 이직 App 설치 비율이 높다.
- 그만큼 이직과 퇴사에 대한 고민이 많은 직장인들이 직장인 익명 커뮤니티의 이용 또한 높다는 사실을 짐작해볼 수 있는 결과다.
- 그런데 취업을 하고도 퇴사를 선택하는 MZ세대들이 많은 요즘, 특별히 익명 커뮤니티 이용이 많아진 것은 혹시나 코로나19로 인해 뒷담화용 술자리가 줄어서 생겨난 결과는 아닐까?

익명 게시판(블라인드 등) 설치/비설치자의
구직 및 이직 앱(App) 설치율

구직 및 이직 앱(App) : 잡코리아, 인크루트, 사람인, 워크넷, 원티드 등

2022

트렌드 모니터

PART 4

LIFE

관계 욕구와 메타버스 세계

보급형 취향,
나만의 것이 아닌 나만의 취향

구별 짓기, 당신의 취향은 평가받고 있다

2017년부터 시작된 "
취미 사랑

《**"취미가 밥 먹여준다"…'덕후' 전성시대**〉: 한 분야에 열중하는 '덕후(일본어: 오타쿠)'는 과거엔 '취미'에만 몰두하는 '괴짜' 이미지가 강했다. 하지만 요즘은 남다른 실력을 갖춘 전문가, 즉 취미를 직업으로 연결한 이른바 '덕업 일치'에 성공한 덕후들이 점점 각광을 받고 있다. 서핑에 몰두하다 자신의 서핑 실력을 완벽하게 보여주기 위해 액션 캠 '고프

출처: MBC 뉴스

로'를 만든 닉 우드먼 사례가 그렇고, 재미로 요요를 하다 아예 요요 기술 개발사를 창업한 세계적인 요요 선수 윤종기 씨 일화가 그렇다. 모두 다 회사 생활이 빡빡하긴 하나, 치열한 열정과 노력을 바탕으로 자신이 좋아하는 일로 승부를 건 '덕후'들이다.(2021. 02. 22. MBC 뉴스 중)

〈"취미는 곧 생존이다"〉: 코로나 시대, 요리와 홈 가드닝, 홈 트레이닝은 이미 대세고 취미 키트와 악기도 예전보다 많이 팔리고 있다. '취목수(취미로 가구를 만드는 사람들)' 등 생활 공예를 즐기는 사람도 많아졌고, 예전보다 새로운 취미에 도전하는 사람들도 더 많아졌다. 국내 한 증권사의 조사에 따르면 50세 이상, 잔고 1,000만 원 이상 고객에게 가장 후회되는 일을 묻자 "평생 할 수 있는 취미를 갖지 못한 것"이라는 대답이 가장 많았다고 한다. 이미 몇 년 전부터 '워라밸(일과 삶의 균형)'과 '저녁이 있는 삶'을 향해 달려가고 있었던 우리들 마음처럼, 코로나 시대의 '취미 붐'은 코로나19가 종식된 후에도 쉽게 사라지지 않을 것으로 예상된다.(2021. 04. 20. SBS 뉴스 중)

성공한 덕후들의 사례, 다양한 취미 생활을 즐기는 사람들에 대한 이야기는 최근 몇 년 동안 대중 소비자들에게 최고의 관심사 중 하나였다. 불과 20~30여 년 전만 하더라도 생활기록부, 이력서, 자기소개서에 늘 취미를 기입하도록 만든 공란 때문에 '나의 취미가 대체 무엇인지'를 진지하게 고민했던 때가 있었지만, 지금은 딱히 그렇지 않다. 물으면 0.1초 만에 대답이 나올 정도로(정말?) '취미 하나쯤' 가지고 있는 사람도, '다양한 취미'를 가지고 있는 사람도 많아졌

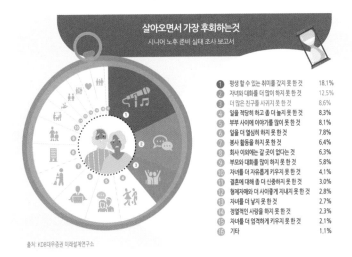

살아오면서 가장 후회하는 것
시니어 노후 준비 실태 조사 보고서

❶	평생 할 수 있는 취미를 갖지 못한 것	18.1%
❷	자녀와 대화를 더 많이 하지 못한 것	12.5%
❸	더 많은 친구를 사귀지 못한 것	8.6%
❹	일을 적당히 하고 좀 더 놀지 못한 것	8.3%
❺	부부 사이에 이야기를 많이 못한 것	8.1%
❻	일을 더 열심히 하지 못한 것	7.8%
❼	봉사 활동을 하지 못한 것	6.4%
❽	회사 이외에는 갈 곳이 없다는 것	6.3%
❾	부모와 대화를 많이 하지 못한 것	5.8%
❿	자녀를 더 자유롭게 키우지 못한 것	4.1%
⑪	결혼에 대해 좀 더 신중하지 못한 것	3.0%
⑫	형제자매와 더 사이좋게 지내지 못한 것	2.8%
⑬	자녀를 더 낳지 못한 것	2.7%
⑭	정열적인 사랑을 하지 못한 것	2.3%
⑮	자녀를 더 엄격하게 키우지 못한 것	2.1%
⑯	기타	1.1%

출처: KDB대우증권 미래설계연구소

다. 심지어 영화 보기, 독서, 음악 감상처럼 예의상 둘러댔던 그런 종류의 취미도 아니다. 앞서 본 사례들처럼 작은 사치나 투자가 필요한 취미도 있고, 나름 승부를 걸어야 하는 취미도 있다. 오랜 시간 흔하게 즐길 수 있는, 새로운 도전이 필요한 이색적인 취미도 있다. 뭔가, '제대로 된 특별한 취미'가 중요해진 듯한 느낌이다.

도대체, 언제부터 취미가 일상생활에서 이토록 주목을 받게 된 것일까? 또, 그 이유는 뭘까? 해답의 실마리는 '가치 소비'와 '욜로YOLO'가 유행했던 2017년으로 거슬러 올라간다. 2017년 이전까지는 주로 웰빙과 힐링 관련 키워드가 두드러지다가, 2017년을 기점으로 삶의 가치에 대한 고민이 깊어지는 모습을 보였다. 바로 현재의 행복을 위한 라이프 스타일, '욜로'다. 당시 마크로밀 엠브레인 조사 결과를 보면 욜로족에 어울리는 대표적인 소비 품목으로 '해외여행(73.2%, 중복 응답)'과 '취미 생활(42.1%)'이 최우선적으로 꼽힐 만큼,[1]

자기 계발에 지친 대중들이 '지금 현재의 자기만족'을 위한 소비로 '여행'이나 '게임'과 같은 취미 생활에 돈을 쓰는 경우가 많았다(이때는 해외여행=취미였던 시절이었더랬다). 이러한 흐름은, 2018년 스스로의 작은 행복을 추구하는 소확행 트렌드와, 2019년 오로지 '나'에 집중하는 포 미$^{\text{FOR ME}}$행 움직임과 맞물려 더욱 강화됐다. 그리고 2020년, 취미 활동은 멀티 페르소나(부캐)를 위한 조력 활동으로, 2021년에는 팬데믹 위기에서 스스로의 해방과 탈출을 위한 일상의 위로로 활용되고 있는 중이다. 그야말로 취미 위주로 소비자의 라이프 스타일이 재편되고 있는 '취향 전성시대'[2]를 맞이한 것이다.

그런데 2017년부터 최근까지 일상생활 속 '취미'에 투영되고 있는 의미가 조금씩 부담스러워지는 느낌을 지울 수 없다. 언제부터인가 단순한 취미는 별로이고, 취미는 슬기로워야 하며(슬기로운 취미 생활), 많으면 많을수록 좋고(취미 부자), 좀 더 고급지면 더 좋고(플렉스 취미), 직업으로 이어지면 금상첨화(취미가 부업으로)란 인식이 많다.

'취미'의 연관 검색어로 '생산성'을 담보로 하는 단어들이 등장하기 시작한 것이다. 심지어, 취미의 부재^{不在}를 근거로 삶의 태도를 폄하(?)하기까지 하는 이상한 '강박관념'에 이른 모습도 보이고 있다. 취미 하나 없는 삶은 마치 인

취미없는 당신, 잘못 살고 있는 겁니다

중앙일보 | 입력 2018.01.03 00:01 업데이트 2018.01.03 11:48

출처: 중앙일보

생이 무료하거나 가치가 없는 것 같은 착각을 불러일으킬 정도다. 2017년부터 이어지고 있는 이 현상, 왠지 한 번쯤 들여다볼 필요가 있어 보인다.

어쩌다 취미, 〃
어느새 취향

일단, '취미'의 사전적 의미에 대해 검색부터 해보기로 했다. 찾아보니, '취미'는 다음과 같은 뜻을 가지고 있단다.

1. 전문적으로 하는 것이 아니라 즐기기 위하여 하는 일
2. 아름다운 대상을 감상하고 이해하는 힘
3. 감흥을 느끼어 마음이 당기는 멋
   유의어: 취향, 맛, 흥미[3]

　잘 들여다보면, '취미'는 세상사에 지친 사람에게 휴식과 여유를 주고, 즐거움과 흥미, 재미를 느끼게 해주는 의미를 담고 있는 듯하다. 콕 집어 말하면, '전문적인 것이 아니고(=수단과 도구란 목적성이 없고)', '시간적 여유로움(=여유로운 잉여 시간)'을 전제로 하고 있는 게 '취미'라는 것이다. 그러니 가장 먼저 사람들이 앞다퉈 확보하려 했던 것이 하나 있었을 것이다. 바로, '시간'이다. 이것은 2017년, '나만의 시간'에 대한 대중 소비자들의 니즈가 '삶의 질을 위한 필수 조

건'이란 명분을 얻으면서 수면 위로 떠오르는 계기가 됐다. '나만의 시간'을 충분히 가질 수만 있다면 어느 정도의 경제적 여유는 포기할 수 있다(동의: 58.6%(2017), 59.8%(2018))[4]고 할 정도로, 자신만의 시간을 갖지 못하는 현실에 불만을 가진 대중들이 많았던 것이다. 이제 대중 소비자들은 어떻게 시간을 확보하고, 그 시간을 어떻게 활용하느냐에 집중하기 시작했다. 그리고 특별하고 다양한 경험을 '직접', '제대로' 해보려는 태도로도 연결됐다. 퇴근 후 문화센터에서 다양한 강좌를 수강하는 '문센족'이 등장할 만큼, 백화점과 대형 마트 내의 '문화센터', '원데이 클래스'가 큰 주목을 받았던 이유다.

실제 당시의 조사들을 살펴보면, '나만의 시간'을 더 많이 필요로 하는 것은 결국 '취미 생활'에 대한 욕구와 밀접한 관련이 있었음을 확인할 수 있었다. '여행(52.0%, 중복 응답)'과 '취미 활동(48.8%)', '영화(47.7%)'를 나만의 시간에 하고 싶은 활동으로 꼽고 있었는데,[5] 여행과 영화 감상이 취미 활동의 범주에 들어간다는 것을 감안하면 자기만의 시간에 '취미 활동'을 즐기고 싶어 하는 욕구가 상당히 크다는 것을 엿볼 수 있기 때문이다. 보다 직접적으로도 '시간만 확보된다면 내가 잘 즐길 수 있는 취미를 찾기 위해 노력할 의향'이 있다는 대중 소비자들도 무려 82.3%에 달했다.[6] 하지만 이렇게 해서 선택한 취미 활동? 그리 독특해 보이지 않는다. 여전히, '영화 보기', '음악 감상', '독서', 'TV 시청', '게임' 등 대체로 남들도 누구나, 쉽게, 많이 하고 있는, 대중적인 활동을 취미 활동으로 즐기고 있었다.

취미 생활에 대한 갈증이 크지만 주로 누구나 쉽게 할 수 있는 평범한 활동을 즐기다 보니, 대중 소비자들은 여기서 오는 결핍을 자

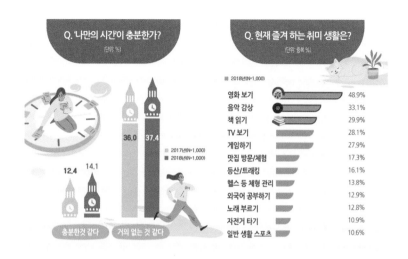

신만의 독특함과 차별성을 추구하려(동의, 85.2%)[7]는 태도로 메우기 시작했다. 남들보다는 조금 더 특별한 취미를, 남들은 잘 알지 못하는 미지의 세계를 적극적으로 찾기 시작한 것이다. 그러면서, 독특하고 차별적인 개인들의 취미 생활을 "개인의 취향으로 존중해달라(개·취·존)"는 목소리를 내기 시작했다. '나만의 시간'에 대한 갈증이 '나만의 활동'으로, 더 나아가 '취미로 완성되는 라이프 스타일'을 통해 내가 어떤 사람인지를 드러내주는 '정체성으로서의 취향'으로까지 발전하게 된 것이다.

취향에 대한 두 가지 이론 "

2018년, 취향 문제는 본격적으로 우리 사회의 핵심 키워드로 등장하기 시작했다. 이전까지만 해도 한국 사회에서는 다수의 생각과 배치되거나, 집단 내에서 도드라지는 생각과 의견은 언제나 '잘못된 것'이라는 꼬리표가 붙기 마련이었다. 그래서 자신이 남들과 다르다는 것을 주장하기 위해서는 때론 '차별'과 '무시'의 시선까지도 감당해야만 하는 경우가 많았다. 대중의 취향과 배치되는 소수의 취향을 '비주류'나 'B급'으로 표현하며 하대했던 것이 대표적인 예다. 하지만 요즘은, 자신만의 취향을 통해 타인과 자신을 '구분하고' '차별화'하려는 욕구가 점차 강해지고, 이를 자신의 개성이자, 경쟁력으로 생각하는 사람들이 많아졌다. 이유가 뭘까? 철학적 이념과 학문적 이론을 다 떠나, 본능적으로 '취향'이라는 것이 남과 다른 나를 드러내주는 수단으로 인식하고 있기 때문이다.

프랑스의 저명한 사회학자 부르디외는 개인의 취향이라는 것이 선천적이라기보다 개인의 사회적 조건에 의해 구축되는 것이라고 말한 바 있다. 한 개인이 어떤 것을 선호하고 좋아하는가의 여부는 그의 사회계층(계급)과 학력, 배경, 직업 등에 의해 결정된다는 것이다. 바로 여기서 '아비투스'란 개념이 등장한다. '아비투스'는 '가지다, 보유하다, 간직하다'라는 뜻의 라틴어 동사 'habere'에서 파생된 단어로, 직업, 재력 등 한 개인을 둘러싼 환경에 의해 구축되는 사고와 판단 체계를 말한다.[8] 부르디외는 이 아비투스가 그 사람을 둘러싼 환경, 계급에 의해 만들어지는 동시에 그 사람의 지위와 계급을 보여주는 대표적인 틀이라고 주장한다. 내가 어떤 음악을 듣고, 어떤 음식을 먹고, 어떤 그림을 선호하는지의 행위가 그 사람의 계급을 드러낸다고 봤던 것이다. 한마디로 아비투스는 사회적 지위의

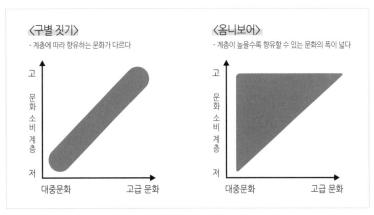

출처: [오프더레코드]

결과이자 표현인 것으로, 부르디외는 이러한 '취향'이 계급에 의해 형성되고, 동시에 계급을 구분 짓는 요인이라 설명했다.[9]

"취향은 계급이다"를 주장한 부르디외의 논리에 많은 사회학자들은 몇 가지 곤란한(?) 가설들이 있다고 말한다. 예술을 고급문화와 대중문화의 이분법적으로 설명하는 것이 문제가 있고, 같은 사회계층 사이에서도 취향이 갈린다는 점, 즉 취향이 하나의 계급에 종속되기보다 오히려 계층을 넘나들며 다양한 패턴으로 형성될 수 있다는 점 등이 그것이다. 하지만 그럼에도 그의 이론은 여전히 많은 인문 사회 연구 분야에 '인용'과 '이용'이 되고 있는 만큼 그의 취향에 대한 고찰은 한 번쯤 생각해볼 필요가 있어 보인다. 부르디외 이론과 함께 살펴봐야 할 이론은 하나 더 있다. 바로 미국의 사회학자 피터슨의 '옴니보어' 이론이다. 피터슨이 부르디외에 정면으로 반박한 주장은 이렇다. 상위 계층에 속할수록 오히려 다양한 장르와 콘텐츠를 즐길 수 있기 때문에 취향이 폭넓을 수 있다는 것. 즉, 상류

층에 속할수록 고급문화Highbrow Culture에 대한 취향뿐만 아니라 대중
문화Popular Culture를 아우르는 폭넓은 문화 취향을 가질 수 있다는 것
이다.[10] 클래식, 오페라부터 뮤지컬, 록, 발라드, 힙합, 심지어 트로
트까지 좋아할 수 있는 계층이, 바로 상류층이라는 것이다.

　피터슨의 이론 역시 지나치게 선호의 문제에만 집중한 것 아니냐
는 비판의 목소리가 있긴 하지만, 유독 요즘 '옴니보어' 이론을 주목
하게 되는 이유가 있다. 국내 많은 학자들에 의해 학력이 높고 소득
이 높을수록 독서율이 높고 독서 장르가 다양하다[11]거나, 선호하는
음악 장르의 스펙트럼이 넓고,[12] 보다 다양한 문화 콘텐츠를 즐긴다
는 연구 결과[13]들이 계속해서 등장하고 있기 때문이다. 한마디로,
많이 배우고 여유가 있는 사람들이 만화부터 고전까지, 클래식부터
트로트까지 다양한 문화를 향유하고 그 성향이 확대되고 있다는 것
이다. 기분은 좀 그렇지만, 묘하게 설득력이 있다. 심지어, 현재의
취향을 추구하는 대중 소비자들의 그 내면의 욕구와도 뭔가 퍼즐
조각이 맞춰지는 듯한 느낌이 든다.

　두 저명한 사회학자가 주장한 취향 관련 이론들은 여전히 적지 않
은 논란과 비판이 제기되고 있긴 하다. 하지만 곰곰이 이들의 주장
을 살펴보면 논점의 차이는 있어도 한 가지 의미심장한 교집합을
찾아낼 수가 있다. 바로, '여유 있고, 배운 사람들만'의 '취향적 특징'
은 분명히 존재하더라는 것이다. 소득과 학력 수준이 높은 사람들
일수록(소위 상류층) 그들만의 '문화적 코드'가 있고, 다른 집단의 문
화까지 섭렵 가능한 '다양한 기호'가 있다는 것이다. 즉, '특별하고',
'다양한' 문화적 선호는 곧 남들보다 조금 우위에 있다는 '자신의 위

치(계급)'를 투영해주고 있다는 뜻으로 해석해볼 수 있다. 엇! 이제 뭔가 조금씩 느낌이 오기 시작한다. 왜 그렇게 사람들은 남들과는 '다르고도', '특징 있고' 그러면서 '다양한' 취향을 가지려 했는지. 목적은 하나였을 것 같다. 남들보다는 좀 더 '우위'에 있는 나의 위치를 '구별 짓기' 하는 것. 우리가 그토록 '나만의 취향'을 애타게 찾았던 이유일는지도 모른다.

> 심리학자 스탠리 밀그램Stanley Milgram이 뉴욕 거리 모퉁이에서 진행한 유명한 실험을 생각해보자. 밀그램은 사람들에게 빌딩 쪽을 올려다보라고 주문했다. 빌딩 쪽을 바라보는 사람이 늘어날수록 행인들이 걸음을 멈추고 바라보는 확률도 높아졌다. 왜 아니겠는가? 그렇게 많은 사람이 무언가를 보고 있다면 당연히 가치 있는 행동이 아니겠는가?
>
> – 톰 밴더빌트, 《취향의 탄생》, p.114

'나만의 취향'이란 단어의 ❞ 진짜 원산지

그 어느 때보다 한국 사회는 자신이 좋아하고 중요하게 생각하는 것들로 스스로에게 자신감과 자부심을 느끼게 하는 취향에 대한 관심이 뜨겁다. 개인의 취향과 선호를 좇아 좀 더 많은 시간과 비용을 투자하는 데 거리낌이 없을 만큼 사회 전반적으로 자기 자신을 위한 삶을 살고자 하는 태도 역시 무척 강해졌다. '확고한 취향', '취향의 개인화' 등의 용어가 어색하지 않을 정도로 점차 세분화되는 취향 존중의 시대가 열린 것이다. 이렇게 특정 분야를 향한 뾰족하고, 각별한 개인적 취향은 현대사회의 소비문화를 이끄는 중요한 원동력이 되기도 한다. 좋아하고 관심이 있는 상품과 서비스를 구입하기 위해서라면, 그래서 자신의 취향을 드러낼 수 있고 심리적 만족감을 느낄 수 있다면, 기꺼이 조금 더 많은 비용과 시간을 투자하려는 소비자들이 많아졌기 때문이다. 그래서 요즘은 소비자의 취향을 저격하는 마케팅이나, 특정 취향을 가진 소비자를 타깃으로 한 핀셋 마케팅 등이 많아지고 있다. 취향으로 남들보다 좀 더 특별한 위치에 있고 싶어 하는 니즈를 맞춰 주려는 분위기가, 제대로 흐름을 탄 듯한 느낌이다.

그런데 이따금 그런 생각이 들 때가 있다. 극히 개인적인 '나만의 취향'을 어떻게 저 사람도 알고, 이 사람도 알고, 쟤도 알고 있을까? '그 사람만의 취향'이란 그것을 나는 또 왜 알고 있는 것일까? 물론 스스로의 취향을 당당히 밖으로 표현하는 것은 매우 중요하다. 표출되지 못한 취향은 대개 흔적도 없이 사라지는 경우가 많지만, 누군가로부터 피드백을 받은 취향은 나름의 의미가 부여된 취향으로 존재감을 갖춰나갈 수 있기 때문이다. 하지만 이와 동시에 '나만의 취향'으로 부각되고 있는 '그 취향' 때문에 진짜 자기만의 취향을 당당하게 밝히지 못하는 사람들도 많아지고 있다. 누군가의 평가 대상이 되거나 비웃음을 받을 바에야 아예 드러내지 않겠다는 생각이 강하기 때문이다. 도대체, 뭐가 문제인 걸까? 취향을 드러내는 것

이? 아니면 취향을 드러내지 못하는 것이?

진짜 문제는 다른 데 있다. 바로 남들이 보기에 완벽한 것, 내가 좋아하는 것보다 남들이 갈망하는 그것을 '나의 취향'으로 만들고 표현하려는 태도가 강했다는 사실이다. 인간관계의 연결 고리인 SNS를 보더라도 개인의 사진과 일상생활의 기록은 물론 관심사, 가치관 등을 다룬 글들이 '나만의 취향'이라는 해시태그가 달려 피드상에 넘쳐 나고 있다. 대개는 맛집 경험, 해외여행 경험, 특별한 취미 생활, 자신의 인맥, 요리 솜씨, 재력 등을 드러낸 글들이다. 이를 기반으로 '친구'나 '팔로어'라는 이름으로 '관계'를 맺은 사람들로부터 자신이 드러낸 그 취향에 대해 피드백을 받는다. 대개는 '리트윗', '좋아요' 등의 뜨거운 반응을 받는 경우가 많다. 하지만 게시글을 본 사람들의 입장은 좀 다르다. 나와는 다른 삶을 사는 것 같은 모습에 마음 한편 일종의 박탈감과 불안감이 생기는 건 물론이고,

다른 사람들의 우월한 모습만 보면서 스스로 내가 나를 인정할 수 있는 기준은 점점 더 높아지는 딜레마에 빠지고 있다.[14] 마치 '주류'인 것처럼 여겨지는 그 취향들은 사실상 일상적으로 즐기기 어려운 경우가 많고, 연예인들과 인플루언서들이 개인의 취향이라며 '플렉스'하는 취미와 여가 활동은 상당한 비용과 시간을 필요로 하는 경우가 많기 때문이다. 물론 이들이 '상대방에게 박탈감을 느끼게 해야지'라는 못된 심보(?)로 게시글을 올린 것은 분명 아닐 것이다(그냥 그렇게 믿자). 단지, 우리가 그런 것들을 누리고 살면 주류에서 소외되지 않고, 남들로부터 인정받으며 부러움의 대상이 된다는 그 '취향의 매력'을 너무도 잘 알고 있기 때문에 그렇다. 어떻게 보면 진짜 '나만의 취향'이란 건 애초부터 없었을지도 모를 일이다. 그저 남들이 알아줬음 하는 취향만 있었을 뿐.

최고급 상점에서 명품 초콜릿 한 번, 푸껫 아만푸리호텔에서 하룻밤, 딸에게 물려줘도 좋을 명품 핸드백 하나. 이런 사치는 단지 생활만 풍성하게 하는 게 아니다. 그들은 여론을 형성할 수 있고, 일반적으로 자신의 일상에 속하지 않은 생활공간에 과감히 등장한다. 그러나 무엇보다 익숙해지면서 높은 계층의 관습과 물건에 대한 두려움이 사라진다.

-도리스 메르틴, 《아비투스Habitus》, p.98

알고 보면 보급형이었던 "
'나만의 취향'

이처럼 한국 사회는 일상적인 삶의 태도에서 '나'를 중요하게 생각하는 사회 분위기가 강하면서도 여전히 남들에게 보이기 위한 행동을 해야 하는 경우가 많다(동의, 71.5%).[15] 그래서 좋아하지 않는 것이 나의 취향이 되기도 하고, 남들의 추천해주는 취향도 내 것으로 만들려 했으며, 남들과 구별 짓기 위한 프레임으로 그 취향을 남용해온 경향이 없지 않다. 취향이 꼭 특별해야 할 것 같은 압박감마저 느껴져서 없던(?) 취향을 만들려고 여기저기 기웃거려보기도 한다. 그림도 그려보고, 공방도 다녀봤다가, 요리도 배워봤다가, 학원도 다녀보고. 그러면서 나의 취향이라고 인스타그램에, 페이스북에 올리긴 하지만, 그렇다고 딱히 그게 또 내 취향 같지도 않다. 이제 취향이란 게 좀 피곤하고 부담스럽다. 실제로도 '나만의 취향'을 내세우는 것을 부담스럽게 느끼거나, 자신의 취향을 굳이 남들에게 표현하지 않으려는 사람들은 조금씩 많아지고 있는 모습이다 (48.8%(2018) → 50.5%(2019) → 57.1%(2021)).[16] 그러면서 또다시 자괴감에 빠지곤 한다. 나는 다른 사람들처럼 나만의 취향 하나도 뚜렷한게 없구나 하는.

그런데 한 번쯤 아주 기본적인 질문을 던져보자. 취향이 꼭 특별해야만 할까? 꼭, 남들과 다른 독특하고 차별화된 것만을 취향이라할 수 있을까? 좋아하는 음식과 연예인, 사소한 습관과 행동, 그 어떤 것이라도 개인의 취향이 될 수 있는 건 아닐까? 생각해보면 취향은 별게 아니다. 고착화되고 정형화된 건 더더욱 아니다. 생활하는 환경, 만나는 사람, 속해 있는 집단의 특징에 따라 늘 변하는 것이 취향이다. 취향은, 남과 달라지고 싶어서 변하기도 하고, 어쩔 땐 남과 같아지고 싶을 때도 변하는 특징이 있기 때문이다.[17] 취향에는 별다른 기준이 필요하지 않다. 완벽하고 독특하고 특별한 무언가를 내 취향으로 삼으려 애쓸 필요가 없다는 뜻이다. 그러니 조금 더 자유로울 필요가 있다. 어차피 그 취향 또한 남들 모두 취하려고 했던 '보급형 취향'일 가능성이 매우 높다.

> 정체성을 찾는 과정이 항상 극단적일 필요는 없다. 어려서부터 많은 경험을 하고 자신을 돌아볼 기회가 많았던 사람들은 삶의 평범한 과정 속에서 충분히 정체성을 찾을 수 있다. 하지만 모든 사람들에게 학업 성적과 경제적 성공이라는 획일적인 잣대를 들이대어 평가하는 오늘날 한국 사회에서 정체성을 찾는 데는 많은 고민과 용기가 필요하다. 이제 우리도 우리의 정체성에 눈을 떠야 할 때이다.
> – 박선웅, 《정체성의 심리학》, p.21

So what? 〃
시사점 및 전망

우리는 지금 개인의 '취향'과 '가치관', '능력'에 대한 이해도가 어떤 때보다 월등히 높은 상황을 마주하고 있다. 자신이 무엇을 좋아하고 싫어하는지를 잘 알고 있고(76.8%(2020) → 84.4%(2021)), 자신이 어떤 것을 잘하고 잘 못하는지를 잘 알고 있다(71%(2020)→ 71.3%(2021))[18]는 뜻이다. 특히나 '코로나19'로 집에 머물거나 혼자 보내는 시간이 많아지면서 개인의 취향과 가치관, 능력에 대한 고민은 점점 더 커져가는 추세다. 이렇게 되면 한 가지 예상되는 점이 있다. **타인의 시선이나 가치관에서 벗어나 자신만의 취향에 대한 고해성사식 성찰이 꽤 많아질 수 있을 거란 점이다.** 주류에 편입하려는 '보여주기'보다 '진짜 본인의 가치관'을 중시하면서 '자기만의 생각과 철학을 정리'하려는 태도가 강해질 수 있다는 의미다. 2000년대 초반 인기를 끌다 SNS 확산으로 주춤하던 블로그가 최근 다시 재조명을 받는[19] 이유도 여기에 있는지 모른다. 자기의 일상이 어땠는지, 얼마나 좋은 것을 갖고 있고, 좋은 곳에 갔는지를 보여주는 'SNS 인증샷'의 헛헛함에서 벗어나, 오롯이 나의 흥미와 관심이 닿는 곳에 집중하는 방향으로 태도를 전환할 가능성이 높기 때문이다. 이는 '취향' 문제에서 한 발짝 더 나아가, '결혼'이나 '종교', '연애' 등과 관련한 기존의 가치관에도 영향을 끼칠 것으로 보인다. '독특함'과 '차별성', '상대적 우월함'을 추구하려 하기보다는 '심적 지지'와 '공감' 등을 더 중시하는, 즉 그 변화의 지향점은 '완벽함', '(무조건 잘해야 한다는) 내적 검열'과는 거리가 멀 가능

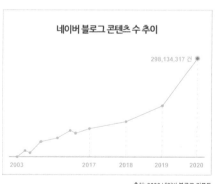

출처: 2020 네이버 블로그 리포트

성이 높아 보인다.

이와 유사한 맥락에서 향후에는 차별성과 우위에 집중하는 현상을 경계하는 태도가 더 강해질 것으로 예상된다. 대부분의 방송사가 런칭하고 있는 '오디션 프로그램'을 예로 들어보면, 현재 국내 TV 오디션 프로그램은 음악 장르를 주축으로 댄스, 게임, 스포츠, 음식 등과 같은 다양한 분야에 오디션 방식을 활용하고 있다. 참가자들을 배려해 지나친 경쟁은 순화했다고는 하지만, 여전히 실력과는 별개로 순위 전쟁에 밀려 '원석으로 발견될' 또는 '재능이 다듬어질' 기회를 놓치는 경우가 많다. '경쟁이 공정하다'는 인식이 대세라고 해도, 경쟁으로 인한 실패 경험을 무던히도 견뎌내고 있는 요즘 대중 소비자들 입장에선 결국에는 '서바이벌 포맷에 집착하게 되는'

오디션 프로그램에 느끼게 될 피로도는 더 크고, 더 강하게 다가올 가능성이 있다. 이런 맥락에서 최근 한 예능 프로그램이 기존 오디션 프로그램의 편견을 깨고 결승에 진출한 Top8 멤버를 전원 합격시킨 에피소드는 나름 의미 있는 메시지를 대중에게 전달하고 있다고 볼 수 있겠다.

출처: MBC 〈놀면 뭐하니?〉

세 번째이자 마지막 시사점은, '인간관계', 그리고 '외면하고 싶은 인간 본성'의 마주하기에 대한 이야기다. 뭔가 껄끄럽고 인정하고 싶지 않지만 우리들에겐 '타인의 행복으로부터 불행을 느끼거나(질

투심)', '타인의 고통으로부터 행복(샤덴프로이데Schadenfreude: 쌤통 심리)'
을 느끼는 원초적 본성과 심리가 있다. '나는 아닌데?'라고 두 손 들
며 반대하고 싶겠지만, 아래 나오는 예시 중 한 개라도 고개가 끄덕
여진다면 그냥 인정하는 것이 정신 건강에 좋다.

- 뭐 하나 모자랄 것 없는 내 친구가 애인에게 차였을 때
- 잘나가는 상사가 혼자 승진에서 누락됐을 때
- 나는 못 타고 다니는 좋은 차가 (접촉) 사고 난 현장을 봤을 때
- 돈이 많은 것 같은 저 사람이, 돈보다 빚이 많다는 사실을 알았을 때
- 근사한 여름휴가를 떠난 친구의 휴가지에 비가 몹시 많이 올 때

　왠지 모를 웃음과 기분 좋음이 느껴진다고 해서 자괴감에 빠지거
나 당황해할 필요는 없다. 드러내질 않았을 뿐 우리 주변 모든 사람
들이 겪고 있는 인간의 공통 심성이기 때문이다(역사적으로는 인간의
문명 발달에 지대한 공헌(?)을 했다고도 알려진다). 물론, 내가 이런 감정을
느꼈다는 수치심, 남이 알면 안 될 것 같은 은밀함 등의 감정은 남
는다. 부인하지 않겠다. 그런데 도대체 이런 못된(?) 감정은 왜 생기
는 것일까? 이유는 하나다. 우리가 비교에서 자유로울 수 없는 타인
과 함께 살아가는 존재이기 때문이다. 그것도 직장 동료나 친구처
럼 우리들 가장 가까이 있는 사람과 자신을 끊임없이 비교한다. 물
론, 비교가 늘 해가 되는 것은 아닐 것이다. 비교를 통해 약점을 보
완할 수도 있고, 자신이 현재 처한 상황의 가늠자로서 더 나은 삶을
추구하게 하는 성장 동력이 될 수 있기 때문이다. 하지만 다른 사람

과 비교를 하면 할수록 스스로 더 불행해지는 결과를 낳을 때가 많다. 자신을 늘 낮은 위치에 놓고 타인을 부러워하는 부정적 비교가 많기 때문이다. 이런 비교는, 자신감을 잃게 할 뿐 아니라 무력감과 불안감, 패배감을 안겨주기 마련이다. 그러니 '비교'로 인해 얻어지는 부산물, 인간의 본성, 두 가지에 대해 일단 쿨하게 인정을 해보자. '너의 잘난 점에 부러웠었고', '너의 곤란함에 행복했었더라고'. 그러면 생각지도 못하게 상대방의 행복에 함께 기뻐하는 '미트프로이데Mitfreude'[20]까지 느끼는 흔치 않은(?) 경험을 할 수도 있다. 그리고 이후부터는, 온전히 '나'에 대해 집중해보자. 내가 진짜 무엇을 좋아하고, 나의 힘과 에너지가 재충전되는 진짜 방법이 무엇인지에 대해서. 그러다 보면 '미처 잘 몰랐던', '좀 더 진실에 가까운' 사실 한 가지를 발견할 수 있을 것이다. 우리가 그렇게까지 극단적으로, '완벽한 취향'을 찾을 필요는 없었다란 것을.

대면 관계의
결핍이 만들어낸 현상들
메타버스는 대중의 어떤 욕구를 대변할까?

판타지, SF 장르가 "
흥행하는 이유

'비슷한 때에 태어났는데 이렇게 인생이 다를 수 있는 건가?' 사실 남자는 지금 생활에 대단한 불만을 가진 것도 아니었다. 다만, 조금 특별할 순 없을지 못내 아쉬운 것이다. 특별한 사람은 특별하게 태어난다느니, 그런 사주팔자가 있다느니 하는 말을 들으면 자신은 특별하지 않은 삶을 타고난 건가 싶어서 자못 쓸쓸해지곤 했다. (중략) 여기 '타인의 삶'은 어떠세요? 꿈속에서 아주 길고 특별한 체험을 하실 겁니다. 꿔보면 아시겠지만, 일약 스타덤에 오른 가수의 삶입니다.

　　　　　　　　　　　　－이미예,《달러구트 꿈 백화점》, p.244, p.247

소설 《달러구트 꿈 백화점》의 한 대목이다.
2020년 7월 출간 이후 전자책 포함 누적 판
매량이 100만 부를 넘긴 이 소설은 2021년 7
월 출간한 후속 작품도 흥행 중이다.[21] 판타지
장르인 이 소설의 기본 구조는 주인공(페니)이
첫 입사한 꿈을 파는 달러구트라는 백화점에
서 꿈을 사는 사람들에 관한 에피소드를 다루
고 있다. 이 에피소드에 등장하는 사람들은 공통적으로 자신이 사
려는 꿈을 통해 현재의 결핍과 욕망을 해소하고 긍정적인 감정을
돈처럼 지불한다. 소설 전체를 아우르는 소재의 핵심은 '과거에 대
한 후회와 안타까움'이다. 소설에 등장하는 백화점의 손님들은 대부
분 이룰 수 없었던 일을 후회하고, 만날 수 없었던 사람을 그리워한
다. 현실에서는 이룰 수 없었기에 꿈을 통해서라도 '긍정적 감정'을
얻고자 하는 욕망이 소설에 고스란히 담겨 있다. 여기에는 유명인
이 되고 싶었던 과거의 욕망이, 마음에 드는 이성에게 말을 건네지
못하는 현재의 소심함이, 어린 나이에 유명을 달리한 자녀에 대한
부모의 먹먹함이 꿈을 통해 실현되고 충족되고 해소된다. 2021년의
대중 소비자들은 이처럼 현실에서는 이룰 수 없었거나 혹은 만날
수 없었던 꿈에 대한 이야기를 읽으며 열광하고 있다.

이런 판타지물과 같은 맥락에서 SF 장르의 소설이 엄청난 인기
를 얻고 있다. 전통적으로 우리나라에서 SF 소설 장르는, 대체로 비
주류였고 인기가 없었다. 이런 흐름은 최근까지도 지속적으로 이
어졌다.[22] 그러다가 2020년에 이르러 SF 분야의 판매량이 갑작스

레 폭증하는 매우 이상한 상황이 발생했던 것
이다. 공교롭게도 코로나가 확산되던 시기와
도 정확하게 일치한다. 교보문고의 자료에
따르면, 2017년, 2018년, 2019년은 각각 전
년 대비 소설 판매 증가량이 −1.1%(2017),
−1.3%(2018), −1.6%(2019)로 계속 줄어들었
는데, 2020년 갑자기 30.1%로 급격하게 증가

했고, 이 증가량에 가장 큰 기여를 한 것이 바로 SF 분야의 소설이
었던 것이다.[23] 왜 이런 현상이 만들어진 것일까? 최근 SF 분야에서
가장 주목받는 작가인 김초엽 작가의《우리가 빛의 속도로 갈 수 없
다면》작품에서 대중들이 SF 장르에 폭발적으로 반응한 원인을 추
론해볼 수 있는 힌트를 찾을 수 있다.

　이 작품은 우주 행성 간 이동이 가능해진 시대를 배경으로 한다.
주인공은 170세 노인이자 냉동 수면을 연구하는 안나라는 과학자
다. 그녀는 슬렌포니아라는 제3행성에 가기 위해 100년이 넘는 시
간 동안 혼자 우주선을 기다리는 것으로 묘사된다. 경제적인 효율
을 고려해 우주정거장을 폐기하려는 우주 연방은 안나를 그곳에 머
물지 못하게 한다. 안나를 설득하기 위해 찾아온 남자는 안나가 고
집스럽게 슬렌포니아로 가려고 하는 이유를 묻는다. 이때, 남자의
이해할 수 없다는 표정을 뒤로하고, 안나는 이렇게 답한다.

"물론, 내가 사랑했던 사람들은 이미 다 죽었겠지. 그래도 가보고 싶
은 거야. 한때 내 고향이 될 수 있었을 행성을. 운이 좋다면, 남편 옆

에 묻힐 수도 있겠지."

-김초엽,《우리가 빛의 속도로 갈 수 없다면》, p.178

안나가 운이 좋아 슬렌포니아로 떠날 수 있다고 해도, 가족을 만날 수 있는 것은 요원하다. 빛의 속도로 가더라도 수만 년이 걸리는 거리를 거슬러 가야 하기 때문이다. 하지만 안나에게는 수만 년 걸리는 미지로의 떠남이 주는 죽음의 공포보다는 가족의 기억, 그리움을 찾는 것이 더 큰 의미였던 것이다. 결국 안나는 슬렌포니아를 향해 떠난다.

2021년 한국의 대중 소비자가 판타지와 SF 장르에 열광한 이유는 화려한 묘사와 상상력을 자극하는 기술에만 있지 않다. 그보다는 작품에서 다루고 있는 결핍된 현실과, 이뤄지지 않았거나 잃어버린 '관계'를 향한 욕망에 더 공감하는 사람들이 많아 보인다. 장기화되고 있는 코로나 시대에 더욱 만연해지고 있는 인간관계의 결핍이 대중 문화·예술계 전반에 중요한 소재를 제공하고 있는 것이다. 그리고 대중 소비자들은 작품들을 통해 결핍된 '관계'를 욕망하고 대리 만족을 추구하고 있다.

MBTI가 유행하는 이유 "

문화·예술계의 소재는 실제 대중 소비자들이 살아가는 현실을 정확히 반영한다. 코로나 시대에도 이런 흐름이 이어지고 있다. 몇 가

모임 관련 태도(동의율)

나는 요즘 사람들과 직접적으로
대면하는 만남이 점점 그리워지고 있다 **66.2%**

* 2021, N=1,000

지 통계가 이를 뒷받침한다. 코로나를 겪으면서, 사람들의 일상에 가장 큰 타격을 준 것이 바로 이 인간관계였고(코로나19로 가장 큰 영향을 받은 부분 1순위 - 대인 관계 65.4%),[24] 사람들은 외로워했다(일상 속 외로움을 느끼는 편 - 60.2%).[25] 그래서 많은 사람들은 대면 상황에서의 만남을 그리워하고 있었다(나는 요즘 사람들과 직접적으로 대면하는 만남이 점점 그리워지고 있다 - 66.2%).[26] 겉으로는 통화와 영상 회의, SNS 등을 통해 소통을 유지하는 것처럼 보이지만, 상당히 많은 사람들이 인간관계의 질적 측면에 대한 결핍을 쌓아가고 있었던 것이다. 이런 질적인 측면에서의 친밀한 인간관계의 결핍은 대중 소비자들로 하여금, 그동안 잘 이루어지지 않았거나, 아쉬움을 남겼던 기존의 인간관계를 추억하게 한 것 같다. 그리고 이런 관계의 결핍을 모티브로 한 판타지, SF 장르의 대폭발로 이어진 것으로 보인다.

인간관계에서의 직접적인 대면 상황이 줄어들면 또 어떤 영향이 있을까? 대면 상황의 축소와 직접적인 인간관계에서의 상호작용 감소는 자기 인식에도 영향을 주고 있는 것으로 보인다. 실제 많은 사람들이 코로나 시대에 스스로가 어떤 사람인지에 대해 질문했고(나는 스스로에게 '나는 어떤 사람인가' 하는 질문을 자주 한다 - 54.6%(2020)[27] 55.2%(2021)[28]), 이것은 자신의 성격과 정체성에 대한 궁금증으로 확

자아 정체성 관련(동의율)

나는 내가 어떤 사람인지 궁금하다   **80.6%**

나는 내 성격이 어떤 성격인지가 궁금하다   **77.7%**

* 2021, N=1,000

대되고 있었다(나는 내가 어떤 사람인지 궁금하다 – 80.6%, 나는 내 성격이 어떤 성격인지가 궁금하다 – 77.7%).[29]

이런 맥락에서 보면 자신의 정체성을 인간관계의 상호작용이 아니라, '심리검사 도구'로 확인하려는 'MBTI 심리검사 놀이의 대유행'[30]도 이해할 수 있다. 코로나 이후 직접적인 상호작용이 급감하면서 이를 대체할 대상을 찾고 있는 것이다. 조사 결과에서도 이런 경향은 직접적으로 확인된다. MBTI 심리검사를 통해 자신이 무엇을 잘하고, 무엇을 좋아하며, 어떤 사람들과 잘 맞고, 어떤 일을 더 잘하는지를 확인할 수 있는데, 대중 소비자의 76.1%가 이 심리검사

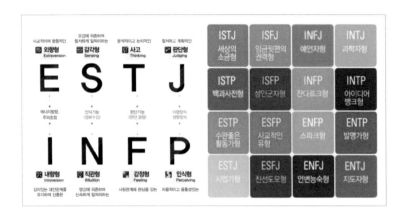

도구(MBTI)에 직접적으로 관심을 가지고 있었고, 75.2%가 검사 결과를 신뢰하는 것으로 나타난 것이다.[31] 그만큼 개인의 정체성을 인간관계에서의 상호작용이 아닌 심리검사를 통해 확인하고 있는 사람들이 많다는 것을 보여준다.

《정체성의 심리학》의 저자인 고려대학교 박선웅 교수는 정체성을 찾는 다양한 삶의 상황에서 추상적인 원칙이나 이미지는 중요하지 않다고 설명한다. 이미지로 만들어진 정체성은 지속적인 힘을 잃기 쉽기 때문이다. 오히려 사람의 정체성은 '구체적인 삶'의 맥락에서 의미를 찾는 행위라고 말한다.[32] 박선웅 교수는 다양한 상호작용의 상황에서 자신의 장단점을 발견하는 행위야말로 정체성을 확립해가는 방법이라고 설명했다. 그런 면에서 볼 때 코로나 시대를 맞아 인간관계의 상호작용이 원활하게 이뤄지지 않는 지금, 심리검사를 통한 정체성의 확인은 어쩔 수 없는 고육지책이라고도 볼 수 있을 것이다.

이렇듯 코로나 시대는 인간관계에서 직접적인 대면 상황의 빈도를 급격하게 떨어뜨리면서 개인으로 하여금, 스스로 '자신의 정체성 찾기'에 관심을 기울이게끔 하고 있다. 코로나로 인해 혼자 머무는 공간, 혼자 보내는 시간이 장기화되고 있는 것은 개인에게 자신을 온전하게 들여다볼 수 있는 계기를 마련해주고 있다. 이런 변화 속에 자신이 원하는 대로 일상을 통제하고 싶은 대중의 욕구도 점점 커지고 있다. 스스로 일상을 통제할 수 있다면, 그 안에서 자신의 정체성을 찾을 수 있다고 생각하는 것이다. 지금 대중 소비자들은 어느 때보다 내가 원하는 시간에 일하고, 공부하고, 잠자고, 밥 먹고, 놀고 싶어 한다. 그리고 자신의 정체성을 찾고 싶어 할수록 일상생활, 일상 영역을 통제하고 싶은 욕구도 점점 더 확대되어가고 있는 것으로 보인다.

'일상적 통제감'을 확대하면서 "
생기는 현상

사실 대중 소비자들이 일상적 통제감을 확대하려는 현상은 혼자 밥 먹고, 혼자 술 마시고, 혼자 차 마시고, 혼자 영화 보러 다니는 사람들이 급격하게 증가하던 2017년부터 조금씩 관찰되기 시작했다. 《2018 대한민국 트렌드》에서는 이런 라이프 스타일을 보이는 소비자들을 '1인 체제'로 명명한 바 있다. 많은 소비자들이 이른바 '혼밥', '혼술', '혼영(혼자 영화 보기)' 등에 점점 더 익숙해지면서, 돈, 시간, 공간 등의 자원을 자신의 상황과 욕구에 맞게 소비하는 현상도 발견할 수 있었다.

이런 일상적이고 사적私的인 공간에서의 통제감은 점차 공적公的 영역으로도 확대되어왔다. 직장 생활이라고 하는 공적 공간에서는 자신의 스타일대로 일을 처리하거나, 자신의 효율에 맞게 시간 재배치(탄력 근무)를 요구하기 시작했다. 또, 청와대 청원 게시판 등을 통해 '자신의 생각 또는 정치적 지향'에 따라 사회제도의 변화를 요구하거나, 특정 범죄 의심자에 대한 처벌을 원하는 등의 목소리도 봇물 터지듯 쏟아졌다. 《2019 대한민국 트렌드》에서는 이런 대중들의 욕구를 '공적(公的) 공간'으로 통제감을 확대하는 차원으로 설명했다.

이처럼 일상의 다양한 영역에서 '자신의 영향력'을 확대하려는 대중 소비자들이 대규모로 등장한 현상은 2021년 초 한 드라마를 중단시킨 사례에서도 극명하게 나타났다.[33] 드라마 방영 초기, 역사적 사실 왜곡을 주장하며 대중들이 집단적으로 항의를 했고, 급기야 이 프로그램의 광고주들이 모두 광고를 철수했으

며, 해당 방송국은 사전 제작이 거의 다 되어 있던 상태에서 2회 만에 드라마 편성을 폐지하고 사과 성명을 냈던 것이다. 당시 방송국의 주가도 덩달아 폭락했을 정도로 영향력이 거셌다.[34] 이 논란 후 뒤늦게 열린 토론회에서 전국PD연합회 회장은 당시의 매우 거센 여론에 대한 큰 두려움을 표하기도 했다.[35]

물론 대중적 관심과 직접적인 의견 표출이 혼란스럽다는 의견도 일부 있으나, 대중 소비자들이 사적 공간을 넘어 공적 공간으로 '통제감'을 확대하려고 한다는 것은 분명한 현상이다. 이런 흐름은 최근 직장인을 대상으로 한 조사에서도 잘 드러난다. 전통적으로 회사에서는 목표 매출(또는 목표 영업이익)을 넘어서는 성과에 대한 보상을 성과급(인센티브)이라는 이름으로 지급해왔는데, 과거 이 상여금은 직장인들에게 '보너스'라는 이름으로 불렸다. 그리고 계획해서 예상했던 것(또는 목표)이 아닌, '덤'이라는 개념이기에, 인센티브를 지급하는 원칙은 철저히 경영진의 '시혜적' 의사 결정 사안이라는

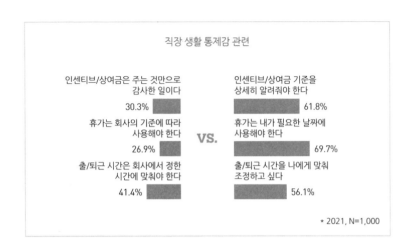

직장 생활 통제감 관련

인센티브/상여금은 주는 것만으로
감사한 일이다
30.3%

인센티브/상여금 기준을
상세히 알려줘야 한다
61.8%

휴가는 회사의 기준에 따라
사용해야 한다
26.9%

VS.

휴가는 내가 필요한 날짜에
사용해야 한다
69.7%

출/퇴근 시간은 회사에서 정한
시간에 맞춰야 한다
41.4%

출/퇴근 시간을 나에게 맞춰
조정하고 싶다
56.1%

* 2021, N=1,000

공감대가 있었다. 하지만 최근의 직장인들은 그 인센티브 지급에 대한 기준과 내용을 철저히 알려주기를 원했다(인센티브/상여금 기준을 상세히 알려줘야 한다 61.8% vs. 주는 것만으로 감사한 일이다 30.3%).[36] 이 외에도 단기 휴가는 물론이고(내가 필요한 날짜에 사용해야 한다 69.7% vs. 회사의 기준에 따라야 한다 26.9%), 심지어 출퇴근 시간도 회사에서 정한 방식이 아닌 내가 정하고 싶어 하는 경향이 강했다(출/퇴근 시간을 나에게 맞춰 조정 56.1% vs. 회사에서 정한 시간에 맞춰야 41.4%).[37]

이처럼 2021년의 직장인들은 최대한 자신의 상황에 맞게 회사의 환경을 맞추고(회사 환경에 자신을 맞추는 것이 아니라) 통제하고 싶어 한다(나는 회사 생활에서 최대한 나의 상황에 맞게 회사의 환경을 조정하고 싶다 - 65.6%).[38] 그리고 이런 욕구는 직장 생활을 넘어서 정치, 경제, 사회, 문화를 아우르는 청와대 국민 청원 게시판에 대한 큰 폭의 관심으로도 이어지고 있었다(청와대 국민 청원 게시판 글 작성 및 지지 등 참여 경험 - 49.3%(2018) → 71.7%(2021)).[39] 그리고 논란이 있더라도 이 게

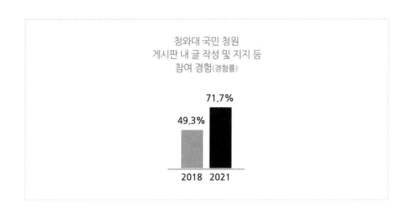

청와대 국민 청원
게시판 내 글 작성 및 지지 등
참여 경험(경험률)

71.7%
49.3%

2018 2021

시판이 필요하다는 의견이 압도적으로 높았다(국민 청원 게시판 필요
도-88.1%).[40] 이 게시판이 필요한 이유는 사회적 약자를 위한 공간
(40.6%, 2순위)이자, 법의 사각지대에 있던 문제를 이슈화할 수 있는
(40.1%, 3순위) 수단이기 때문이기도 했으나, 무엇보다도 다양한 사
회문제를 공론화하는 '역할'을 할 수 있다(44.3%, 1순위)[41]는 점이 가
장 중요해 보였다. 사람들은 정치·사회적 이슈에서 나름의 '역할'을

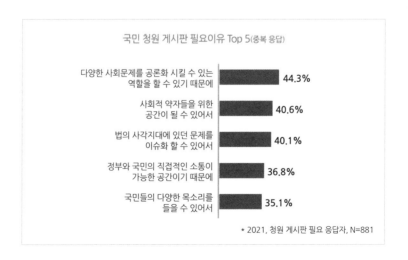

국민 청원 게시판 필요이유 Top 5(중복 응답)

다양한 사회문제를 공론화 시킬 수 있는 역할을 할 수 있기 때문에	44.3%
사회적 약자들을 위한 공간이 될 수 있어서	40.6%
법의 사각지대에 있던 문제를 이슈화 할 수 있어서	40.1%
정부와 국민의 직접적인 소통이 가능한 공간이기 때문에	36.8%
국민들의 다양한 목소리를 들을 수 있어서	35.1%

* 2021, 청원 게시판 필요 응답자, N=881

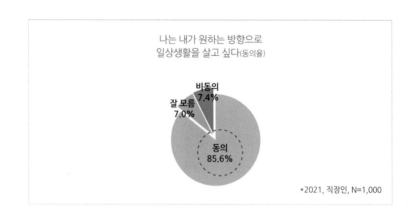

나는 내가 원하는 방향으로
일상생활을 살고 싶다(동의율)

비동의
7.4%

잘 모름
7.0%

동의
85.6%

*2021, 직장인, N=1,000

하고 싶은 것이다. 향후에도 청와대 국민 청원 게시판에 게시물을 작성하거나 게시된 의견에 대해 지지할 의향이 있다는 의견이 10명 중 7명을 넘었으며, 75%는 다음 정부에도 이런 제도가 필요하다는 인식을 공유하고 있었다.[42] 종합적으로 봤을 때 대중 소비자들은 자신의 일상적 공간에서의 통제감을 공적 영역으로까지 확대하고 싶어 한다는 것을 알 수 있다. 비단 직장 생활뿐 아니라, 대부분의 일상적인 영역을 '자기 스타일대로' 만들고 통제하고 싶어 하는 것이다(나는 내가 원하는 방향으로 일상생활을 살고 싶다 – 85.6%).[43]

정체성 찾기, 일상적 통제감, "
사회적 본능 그리고 메타버스

한편 대중 소비자들의 이런 강력한 일상생활의 통제 욕구는, 자신의 정체성 찾기라는 욕구가 사람들을 만나고 싶어 하는 사회적 본능과 결합되면서 엄청나게 큰 새로운 시장도 만들어내고 있다. 바로 메타버스metaverse다. 검색창에 '메타버스'를 치면 현란할 정도로 많은 정보가 검색되며, 수많은 글로벌 기업들이 앞다투어 이 시장에 뛰어들고 있는 것을 알 수 있다.[44] 이제 가상의 캐릭터로 대학의 입학식과 졸업식을 진행하며,[45] 신입 사원 임명장을 메타버스 플랫폼에서 주고,[46] 군의 훈련 체계도 메타버스 방식으로 바뀌고 있는 시대다.[47] 2021년 7월에 발간한 국회입법조사처의 보고서에 따르면, 메타버스의 전 세계적 시장 규모는 2021년 307억달러(약 34조 1,077억 원)에서 2024년 약 2,969억 달러(약 329조 8,559억 원)까지 성장할 것으로 전망된다.[48] 그런데 이처럼 천지개벽 수준의 벼락 관심을 받고 있는 메타버스는 과연 대중 소비자들의 어떤 욕망을 충족해주는 것일까?

메타버스라는 용어는 '초월'을 의미하는 메타meta와 '세상'을 뜻하는 유니버스universe를 합성한 신조어다. 얼핏 과거 2000년대 초반 이메일이

나 미니홈피 등에서 만들었던 가상의 2차원 캐릭터 아바타와 비슷하다고 느끼는 사람들이 있겠지만, 이 과거의 아바타와 근본적으로 다른 점은 가상의 세계가 가상으로만 머물지 않고, 바로 현실reality과의 직접적인 연결 고리를 갖고 있다는 점이다. 2020년 이후 기업들의 투자가 폭증하는 이유도 이 '현실성'에 있다. 메타버스는 현실

정치에서 선거 후보의 공간을 마련하게 하며, 기업의 회의, 직원 사내 교육도 할 수 있게 하며, 각종 콘서트와 팬 미팅도 가능하게 하고, 고객들과의 접점이 필요한 곳을 제공하고, 부동산 모델하우스 등도 제공할 수 있게 하는 등 비대면의 거의 모든 활동을 현실 세계와 유사한 방식으로 경험하게 한다.[49] 하지만 이런 메타버스에 대한 장밋빛 전망을 볼 때, 기업의 입장에서 얻는 혜택과 고객의 입장에서의 얻는 혜택을 분리해서 고민해볼 필요가 있다.

메타버스라는 형태를 단일한 상품이나 서비스 아이템처럼 단정할 수는 없다. 그러나 먼저 기업 입장에서는 이 메타버스에 투자하거나 활용하려는 강력한 장점이 한 가지 존재한다. 바로 코로나와 같은 대규모의 전염병 상황에서도 안정적으로 고객과의 접점을 유지할 수 있다는 것이다. 전염병이 재확산되거나 좀처럼 통제가 되지 않는 상황에서도 수업과 강의를 안정적으로 진행할 수 있고, 대형의 이벤트, 콘서트, 팬 미팅을 열 수도 있으며, 선거운동과 정치 유세, 정책 토론을 하는 것도 가능해진다. 그렇다면 대중 소비자들이 이 메타버스의 세상에서 얻는 혜택은 어떤 것이 있을까? 가장 직접적인 혜택은 자신의 정체성을 '자신이 원하는 방식'으로 꾸미고, 제시할 수 있다는 것이다. 이것은 앞서 제시한 코로나 시대의 정체성 찾기 욕구 및 일상적 통제 욕구와도 맞닿아 있다. 전 세계 이용자가 2억 명을 돌파한 네이버의 자회사 제페토ZEPETO의 급성장이 대중 소비자들의 이런 욕구를 잘 반증한다.[50] 제페토를 통하면 내가 원하는 모습으로 나를 가꾸고 표현하며, 내가 원하는 곳, 원하는 장소, 원하는 시간에만 나를 드러낼 수 있다. 그리고 그곳(메타버스)은 현실 세계와도 이어져 있다.

그런데 대중의 정체성 찾기 욕구와 통제감 확대 욕구를 담아내는 메타버스 시장에 대한 한  가지 고민이 있다. 많은 전문가들의 의견대로 메타버스 세상에 대한 엄청난 장밋빛 전망이 성립하려면 소비자들이 기업이 제공하는 대부분의 상품이나 서비스에 대해 강력한 소비 욕구를 가져야만 한다는 것이다. 소비자들이 적극적으로 메타버스의 세계에서 이벤트와 콘서트, 팬 미팅에 참석하고, 선거 캠프나 정책 토론회에도 참여하며, 다양한 모임에서 새로운 사람들을 만나고, 수업과 강의를 메타버스를 통해 경험하려는 강력한 욕구를 전제해야만 메타버스 세계도 제대로 작동될 수 있다. 물론 대중 소비자들이 메타버스 세계가 주는 어떤 혜택에 움직일 것인지에 대해서는 지금부터 다양한 연구자들이 고민하고 순차적으로 답을 내줄 것이다. 다만, 한 가지 중요하게 알아둬야 할 부분이 있다. 현실을 기반으로 하는 메타버스의 특성상 대중들은 이곳에서도 현실 세계와 비슷한 감정을 갖고, 스스로의 정체성을 드러낼 것이라는 사실이다. 그런 점에서 코로나 시대 대중 소비자들의 기본적인 태도를 살피는 것이 중요해 보인다.

현재 대중 소비자들은 선택적으로 모이고, 재미와 의미를 기반해서 콘텐츠를 선택하며, '불특정 다수'를 만나는 것을 즐기거나 하지 않으며, 의무적인 모임이나 인간관계를 가능한 한 피하거나 최소화하려 한다. 이 부분은 《2021 트렌드 모니터》에서 자세히 분석한 바 있다. '의무적인 인간관계(또는 의무적인 사회적 역할)'로부터 자유로워지고 있는 상황인 것이다. 가상^{virtual}이지만, '현실^{reality}'과 강력한 연결 고리가 메타버스의 장점이라고 한다면, 이 메타버스 세상에서의 대중 소비자들도 시간이 지나면서, 일상생활에의 인간관계와 유사한 방향으로 전개될 가능성이 매우 높다. 메타버스의 세상이 단기적으로는 호기심을 유발할 수 있지만 중·장기적으로는 실제 인간관계나 일상생활에서 느끼는 감각과 유사하게 느끼게 될 가능성이 클 수 있다는 것이다. 이런 이유로 국회입법조사처에서도 메타버스의 세계에서도 실제 세계에서 존재하는 개인 간 상호 관계를 기반으로 한 모욕, 비하, 인신공격, 성범죄, 프라이버시 침해 문제 등의 발생 가능성을 고려하고 있으며, 제도적·윤리적으로

대응하는 방안을 마련해야 한다고 주장한다.[51]

So what? 〞
시사점 및 전망

대규모로 흥행하는 소설이나 영화와 같은 문화 콘텐츠는 대중들이 가지고 있는 현재의 결핍과 욕망, 불안을 반영하기 마련이다. 2015

년 메르스라는 큰 홍역을 치르면서, 불특정 다수에 대한 두려움을 학습한 한국 사회의 대중들이 이듬해인 2016년 〈부산행〉에 1,000만 명이나 열광했던 것처럼, 대중 소비자들은 자신들의 결핍을 대리해서 충족해주거나 불안감을 위로해주는 콘텐츠와 비즈니스에 시간과 관심과 돈을 들인다. 그렇기 때문에 지금 유행하는 소비 아이템과 몇 가지 현상의 이면에 담겨 있는 대중 소비자들의 결핍과 욕망을 살피는 것이 무엇보다 중요하다. 이런 전제를 이해해야 비즈니스와 사회현상의 지속성과 전망을 이해할 수 있다. 이런 맥락에서 세 가지 정도의 중요한 시사점을 발견할 수 있다.

첫째, 메타버스 시장에 대한 폭발적 관심의 이면에는 코로나 장기화라는 시대적 상황이 존재한다는 사실이다. 앞서 언급했듯이, 다양한 방식으로 소통을 이어가고는 있지만, '직접적인 대면 상황에서의 인간관계'에 대한 욕구는 계속 결핍 상태로 남아 있다는 것을 기억해야 한다. 이렇듯 대면 상황에서의 인간관계 욕구의 결핍이 사회 부적응을 낳는다는 고전적인 연구가 있다. 카네기멜론대학의 사회심리학자 로버트 크라우드 교수는 인터넷을 사용하면 사람들과 쉽게 접촉할 수 있기 때문에 대인 관계를 더 풍부하게 해주고 심리적으로도 도움을 줄 것으로 예상했다. 하지만 연구 결과는 이런 예상을 빗나갔다. 많은 시간을 인터넷으로 보낼수록 가족이나 친구와의 직접적인 접촉 기회는 줄어들었고, 피상적인 인간관계만 만들어졌으며, 이것이 다른 사람과 함께한다는 느낌을 전반적으로 줄여버린 것이다. 결과적으로 온라인의 소통을 늘리는 것은 심리적으로 안정과 행복감을 느끼는 데 필요한 역할을 하지 못한다는 것을 의미한다. [52] 또한 뇌를 연구하는 신경과학자들은 사람들과 더 많이 접촉하고 더 많은 관심을 받은 사람들은 스트레스 호르몬(에피네프린, 노르에피네프린, 코르티솔 같은)이 크게 낮으며, 혼자 있거나 다른 사람과 접촉이 없는 것은 '위험한 상황'이고, 많은 개인적인 관심을 받는 것이 안전의 1요소라고 설명한다. [53]

이런 이론들을 종합해서 해석해보면, 메타버스에 대한 시장의 큰 기대와 관심은 결국 코로나 장기화에 의한 '접촉의 최소화'라는 시대적인 맥락에서 출발한 것이라고 볼 수 있다. 본질적으로 인간은 '직접' 만나서 소통하고, 참여하고, 놀고, 즐기기 위해 태어난 존재이기 때문이다. 그래서 온라인 세계에만 제한되어 있는 것이 아니라, 3차원으로 실제 현실 세계와 강한 연결 고리를 가지고 있는, 메타버스에서라도 그 욕구를 완전하게 충족하고 싶어 하는 것이다. 그리고 점점 커져가는 정체성 표현 욕구와 통제감 욕구, 그리고 사회성sociality이라는 인간의 본능적 욕구를 직접적으로 해소하는 역할도 기대하는 것으로 보인다. 기업들이 앞다투어 메타버스에 투자를 하거나 참여를 고민하고 있는 이유다. 따라서 보다 장기적으로 메타버스 시장에 참여할지 여부를 결정하기 위해 필요한 고민은 '비대면 위주'의 소통 상황을 넘어서도, 인간의 욕구를 충족할 수 있는가라는 질문일 것이다.

둘째, 코로나 시대의 장기화는 사람들 간의 직접적인 소통과 만남에 대한 욕구의 거대한 에너지를 축적하고 있다. 앞서 설명한 것처럼, 코로나19 2년 차에 들어서 사람들은 직접적인 만남을 자의 반 타의 반으로 억압하고 있는 것으로 보이고, 다양한 방법으로 이런 관계의 욕구를 충족하는 대체제를 찾고 있는 상황으로 보인다. 다만, 이것이 백신의 접종 상황, 정부의 방역 단계 완화에 따라 직접 얼굴을 마주하는 방식의 소통의 욕구가 폭발할 가능성도 있다. 예를 들어, 가장 눈에 띄는 것은 '영상통화 기능'의 이용이었다.

2018년 5월에 실시한 스마트폰 이용 조사에서는 거의 사용하지 않는 기능의 상위에 이 영상통화 기능이 있었다(최근 비사용 기능 - 1순위 DMB 시청(69.2%), 2순위 팟캐스트 등(53.0%), 3순위 전자책 등(52.8%), 4순위 모바일 지갑(48.6%), 5순위 영상통화(44.2%)).[54] 그런데 3년의 시차를 두고 코로나 2년 차인 2021년의 조사 결과, 대중 소비자들의 스마트폰 이용 양상은 전혀 다르게 나타났다. 없어도 된다고 생각하는 기능에 영상통화는 아예 포함되지 않았고(없어도 된다고 생각하는 기능 - 1순위 모두 필요(35.9%), 2순위 라디오(27.0%), 3순위 전자책(16.0%), 4순위 TV 실시간 방송(14.6%), 5순위 웹툰/웹 소설(13.6%), 6순위 팟캐스트 등(13.4%) 등), 10명 중 6명이 넘는 소비자들이 이 영상통화 기능이 꼭 있어야 한다고 생각하고 있었던 것이다(영상통화 기능 필요도 - 60.3%).[55] 영상통화의 장점으로는 가장 많은 사람들이 실제로 만나지 못한 아쉬움/섭섭함을 달랠 수 있다는 점(47.0%, 1순위)을 꼽았고, 풍부한 감정 전달 및 의사 표현이 가능하다는 점(40.9%, 2순위)과 현장감(36.7%, 3순위), 친밀감을 더 표현 가능하며(32.3%, 4순위), 실제로 만나는 듯한 느낌이 들게 해준다(30.6%, 5순위)는 점을 꼽았다.[56] 코로나 시대, 사람들은 이런 대면 상황에서의 느낌을 가지기 위해 이 영상통화 기능을 자주 사용하고 있는 것 같아 보인다(코로나19 이후 영상통화 이용량 증가 - 40.2%).[57] 이런 직접적인 대면 욕구가 파생

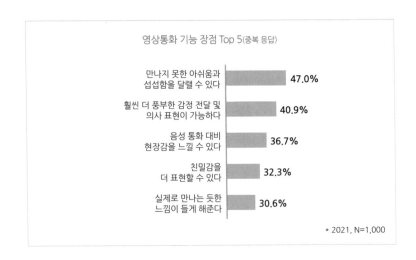

영상통화 기능 장점 Top 5(중복 응답)

만나지 못한 아쉬움과
섭섭함을 달랠 수 있다 **47.0%**

훨씬 더 풍부한 감정 전달 및
의사 표현이 가능하다 **40.9%**

음성 통화 대비
현장감을 느낄 수 있다 **36.7%**

친밀감을
더 표현할 수 있다 **32.3%**

실제로 만나는 듯한
느낌이 들게 해준다 **30.6%**

* 2021, N=1,000

하는 추가적인 대중적 욕구는 다양한 방식으로 전개될 것으로 전망
된다.

**셋째, 대중 소비자들의 일상생활 통제감이 점점 더 커질 것으로
예상된다.** 이것은 단지 소소한 개인의 일상을 자신의 뜻대로 재구
성하고 편집하는 것만을 의미하지 않는다. 이런 대중의 욕구는 정
치, 경제, 사회, 문화 등 전 분야에서 분출될 가능성이 있다. 특히
2022년에는 대통령 선거와 국회의원 선거가 있는 해이기 때문에,
대중 소비자들이 자신의 의견을 표현하려는 욕구가 집단적으로 분
출될 가능성이 매우 크다. 또한 대중문화계에서는 〈조선구마사〉 사
태가 반복될 가능성도 높아 보인다. 따라서 대중의 관심과 선택을
받아야 하는 정치, 경제, 사회, 문화·예술 분야의 기업과 종사자들
의 경우 어느 때보다 '대중의 눈높이'에 매우 민감한 더듬이를 가지
고 소통해야 할 것이다.

#개인 맞춤형
#평판 관리

✎ 2021 '나', '타인'에 대한 관심 및 평판 관련 인식 조사

개인 맞춤형 서비스의 이면 >>>

삶에서 '나'를 가장 중요하게 생각하는 태도가 점점 강해지면서, 스스로를 위해 시간이나 비용을 아낌없이 투자하려는 사람들도 더욱 많아지고 있다. 최근 주요 소비 트렌드가 '개인 맞춤형'에 맞춰져 있는 이유일 것이다. 특히 데이터 3법(개인정보보호법, 신용정보법, 정보통신망법) 개정으로 2021년 8월부터 '마이데이터 사업'이 가능해졌다. 마이데이터 사업이란 금융사나 통신사, 또는 병원 등 여러 기관에 분산되어 있는 개인의 정보를 한곳에 모아 제3의 서비스 사업자에게 제공하는 서비스다. 마이데이터 사업이 가능해지면서, 개인화 서비스의 종류와 제공 범위는 더욱 확장될 것으로 예상된다.[58] 이를

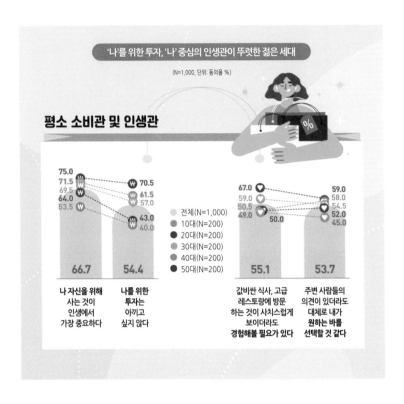

'나'를 위한 투자, '나' 중심의 인생관이 뚜렷한 젊은 세대

(N=1,000, 단위: 동의율 %)

평소 소비관 및 인생관

- 전체(N=1,000)
- 10대(N=200)
- 20대(N=200)
- 30대(N=200)
- 40대(N=200)
- 50대(N=200)

75.0 / 71.5 / 69.5 / 64.0 / 53.5 — **66.7** — 나 자신을 위해 사는 것이 인생에서 가장 중요하다

70.5 / 61.5 / 57.0 / 43.0 / 40.0 — **54.4** — 나를 위한 투자는 아끼고 싶지 않다

67.0 / 59.0 / 50.5 / 49.0 / 50.0 — **55.1** — 값비싼 식사, 고급 레스토랑에 방문 하는 것이 사치스럽게 보이더라도 경험해볼 필요가 있다

59.0 / 58.0 / 54.5 / 52.0 / 45.0 — **53.7** — 주변 사람들의 의견이 있더라도 대체로 내가 원하는 바를 선택할 것 같다

테면, 금융사나 의료 기관에서 대중 소비자들이 개인 맞춤형 서비스를 받을 수 있고, 기업은 고객 정보를 합법적으로 확보하게 되는 것 등이다. 다만, 너무 데이터의 활용에만 초점이 맞춰져 있다 보니, 개인의 '데이터 주권'은 고려하지 않는다는 비판의 목소리도 제기되고 있다.[59] 개인 맞춤형 서비스를 통해 '나'에게 맞춘 소비를 할 수 있다는 장점이 있지만 결국은 개인 정보 이용에 대한 우려가 있을 수밖에 없기 때문으로 해석된다. 향후 데이터 주권과 활용에 대한 인식 제고를 위해 다각적인 방안이 조속히 마련되어야 할 것으로 보인다.

평판 관리 시대 >>>

중고 거래 플랫폼 '당근마켓'에서는 거래 후 평가 등을 기반으로 한 '매너 온도' 시스템을 제공한다. 이용자들은 이 매너 온도를 높이기 위해 무료 나눔을 하거나 특별한 선의를 베푸는 등 자신의 '평판'을 관리한다. [60] 이처럼 우리는 일상에서 점수화된 평판 시스템을 흔히 접할 수 있다. 맛집의 별점과 사내 인사 평가 제도도 일종의 수치화된 평판이다. 특히 비대면 서비스가 증가하면서 평판 시스템의 중

고연령층에 비해 사회적 시선과 평판에 민감하게 반응하는 젊은 층

(N=1,000, 단위: 동의율 %)

타인의 시선 및 평판에 대한 민감도 평가

나는 나의 행동이 다른 사람에게 어떤 영향을 끼치는지를 잘 알고 행동한다
49.7%

나는 평소 타인의 시선을 많이 의식하는 편이다
45.4%

어떤 일을 결정할 때는 '사회적 시선'을 의식하면서 결정한다
41.1%

	10대	20대	30대	40대	50대
	51.0	54.0		48.5	48.0	47.0

51.0 / 54.0 / 48.5 / 48.0 / 47.0

59.5 / 57.0 / 39.5 / 36.0 / 35.0

50.0 / 46.0 / 36.5 / 33.5 / 39.5

10대 20대 **30대 40대 50대**　　10대 20대 **30대 40대 50대**　　10대 20대 **30대 40대 50대**

요성은 더 커지고 있다. 가령 배달 서비스, 택시 등을 이용한 후 서비스에 대해 '별점'을 남기는 경우가 많은데, 결국 이 '평판 점수'는 그 사람(또는 서비스)을 판단하는 척도가 된다. 그리고 다른 소비자의 선택에 직접적인 영향을 끼친다. 그래서 평판 때문에 선택을 받지 못해 매출에 타격을 받을 수도 있는 음식점 사장님들은 별점 1개에도 일희일비할 수밖에 없는 상황이다. 이러한 현상에 대해 연세대학교 산업공학과 박희준 교수는 "삶의 흔적이 고스란히 디지털 공간에 남겨지는 시대를 살고 있는 우리는 높은 수준의 긴장 상태를 늘 유지하면서 평판 관리에 힘써야 한다"고 말한다.[61] 앞으로 비대면, 디지털 서비스의 확대가 예상되는 만큼 '평판 관리'는 더욱 중요해질 것으로 전망된다.

#한정판
#리셀 시장

🖉 한정판 제품 및 래플, 리셀 시장 관련 조사

한정판의 매력 〉〉〉

2021년 소비자의 마음을 적극적으로 자극한 것 중 하나는 바로 '한정판' 상품이다. 실제 소비자의 66.6%가 한정판 제품을 구매한 경험이 있었는데, 이 한정판 구매에 결정적인 영향을 주는 것은 '개인적 관심'과 '취향'인 경우가 많았다. 한정판 상품을 보유함으로써 스스로가 특별해진다는 생각을 하고, 자신의 취향과 특정 분야에 대한 애정을 드러낼 수 있다는 사실에 만족해하는 소비자들이(특히 젊은 층을 중심으로) 그만큼 많았던 것으로 풀이된다.

취향에서 가장 중요한 가치가 '희소성'이라고 한다면, 한정판 제품은 이런 취향의 '희소성' 가치를 가장 잘 드러내주는 좋은 표현 수단

으로 인식되고 있는 모습이다.

신상보다 비싼 한정판 >>>

한정판 상품에 대한 수요가 많아지면서 한정판 제품에 프리미엄 가격을 붙여 재판매하는 리셀 시장도 커지고 있다. 그중에서도 특히

	샤넬 '클래식 플랩백 미디엄'	나이키 '에어 포스1 파라-노이즈 레드'	롤렉스 '오이스터 퍼페츄얼 데이토나 스틸'
이미지			
구입가	693만 5,500원	21만 9,000원	1,551만 원
리셀가	820만 원	300만 원	2,970만 원
수익률	18.2%▲	1269.9%▲	91.5%▲

출처: 샤테크·슈테크·롤테크… 명품 되팔기 시장 급성장(2020. 05. 25.), 조선일보

운동화를 재판매하는 '슈테크'의 인기가 가장 핫하다. 미국 투자은
행 코웬앤드컴퍼니의 추정치에 따르면, 전 세계 스니커즈 리셀 시
장의 규모는 2019년 약 20억 달러에서 2025년 약 60억 달러까지 3
배가량 성장할 것으로 전망된다.[62] 하지만 리셀 시장이 커지면서 프
리미엄 가격이 너무 과도하게 책정되고 있다는 우려의 목소리도 많
다. 실제로 유명 연예인과 콜라보한 한정판 운동화의 경우 초기 발
매가는 20만 원대이지만, 실거래가는 약 100배가 넘는 2,000만 원
대 금액에서 이뤄지는 상황이 연출되고 있다.[63] 신발뿐 아니라 명품
가방, 시계 등 희소성이 높은 한정판 제품도 초기 판매가보다 프리
미엄이 높게 책정되는 경우가 비일비재하다. 이처럼 한정판 제품의
리셀 가격이 치솟으면서 정말로 제품을 필요로 하는 사람들에게는
피해를 줄 수 있다(58%, 동의)는 걱정 어린 시선도 많아지고 있다. 리
셀이 개인 간 거래라고 하더라도 과도한 프리미엄이 붙는 것은 제
재가 필요하다(63.7%, 동의)는 목소리가 커지는 이유다.

#취향 투자
#신뢰 지수 서비스

🖉 2021 크라우드 펀딩 관련 인식 조사

취향 투자 시대 >>>

소비 행위 하나에도 개인의 취향뿐 아니라 타인과 사회, 환경에 끼칠 영향까지 고민하는 사람들이 많아지고 있는 시대다. 단순히 제품, 서비스를 구매하고 이용하는 일차원적인 소비 행위를 넘어 소비를 통해 자신의 취향과 가치관을 분명하게 드러내려는 태도가 강해지고 있기 때문이다.

　이러한 대중 소비자들의 소비 성향과 창의적 아이디어, 좋은 기획력이 만나 '크라우드 펀딩'이라는 새로운 투자 활동이 주목받고 있다. 본래 '크라우드 펀딩'은 후원과 기부, 투자 등을 목적으로 다수의 개인으로부터 자금을 모으는 활동인데, 최근에는 크라우드 펀딩

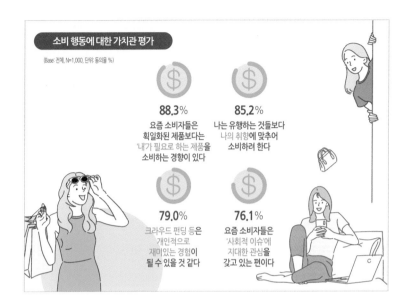

소비 행동에 대한 가치관 평가

(Base: 전체, N=1,000, 단위: 동의율 %)

88.3%
요즘 소비자들은
획일화된 제품보다는
'내가 필요로 하는 제품을
소비하는 경향이 있다

85.2%
나는 유행하는 것들보다
나의 취향에 맞추어
소비하려 한다

79.0%
크라우드 펀딩 등은
개인적으로
재미있는 경험이
될 수 있을 것 같다

76.1%
요즘 소비자들은
'사회적 이슈'에
지대한 관심을
갖고 있는 편이다

을 통해 경제적인 이익의 창출을 넘어, 개인의 취향과 가치관에 부
합하는 제품을 찾고자 하는 사람들이 많아지고 있는 추세다. 실제
펀딩 참여 서비스(제품) 분야를 보면, 기부/후원(38.9%, 중복 응답), 패
션/잡화(24.2%), 공연/문화(21.9%), 테크/가전(21.6%) 등이 많았는데,
각 분야별 참여 계기로 '사회적 의미'와 '개인의 취향에 딱 맞는 제
품/서비스'란 점이 가장 많이 언급되고 있었다. 이러한 소비 트렌드
에 맞춰 기업들도 개인의 취향과 가치관을 대변할 수 있는 제품, 브
랜드 등을 런칭하며 크라운드 펀딩을 시도하는 경우가 점점 더 많
아지고 있다.

크라우드 펀딩에 남은 숙제 >>>

하지만 대중 소비자의 높아진 관심도와 달리 아직까지 크라우드 펀딩의 주체에 대한 신뢰도는 높지 않은 상황이다. 크라우드 펀딩 회사/기업/단체가 진실되고 진정성 있다(29.1%, 동의)거나, 믿을 만하다(26.6%, 동의)는 응답은 전체 10명 중 3명에 그칠 정도로 매우 낮다. 실제로 최근 3년간 크라우드 펀딩의 참여 과정에서 피해를 입고 한국소비자원에 접수한 소비자 상담 건수는 976건, 피해 구제 신청 건수가 64건으로 집계되고 있었다.[64] 보상형 크라우드 펀딩 시 제공되는 제품의 문제점도 많다. 한국소비자원이 주요 6개 플랫폼 사업자의 보상형 크라우드 펀딩 프로젝트 312개를 모니터링한 결과 약 45.8%가 기성품을 투자 대가로 제공하고 있는 것으로 밝혀졌다. 신상품 기획, 개발이라는 본래 취지와는 다르게 '기성품 공동 구매'에 그치는 경우가 많은 것[65]으로, 크라우드 펀딩이 '사회적 의미'와 '가치' 있는 투자 활동으로 인식되기 위해서는 무엇보다 신뢰도 확보

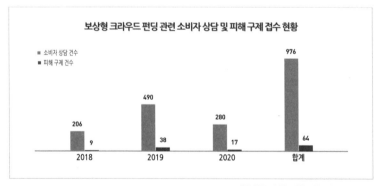

출처: 한국소비자원, 보상형 크라우드 펀딩 실태 보도 자료

가 가장 중요할 것으로 보인다. 최근 관련 업계에서도 펀딩 프로젝트를 진행하는 판매자의 신뢰도를 확인할 수 있는 '신뢰 지수 서비스'[66]를 제공하거나, 펀딩 제품을 직접 체험해볼 수 있는 오프라인 공간을 마련하는[67] 등 신뢰도 제고와 정보의 비대칭성 문제를 극복하려는 다양한 노력을 기울이고 있는 중이다. 아직까지는 실제 이용자의 만족도가 높지만은 않은 상황에서, 향후 크라우드 펀딩이 사회적 경제 조직과 대중 사이에서 신뢰의 다리가 되어줄 수 있을지 귀추가 주목된다.

#짠테크
#조각 투자

🖉 2021 짠테크 관련 인식 조사

YOLO보다 짠테크 >>>

현재 내 삶의 만족을 더 중요하게 여기는 'YOLO' 라이프가 다소 주춤해지고 있는 모습이다. 조사 결과를 보더라도 현재 내가 하고 싶은 것을 하면서 살아야 후회가 없다는 응답은 이전 대비 큰 폭의 감소세(2017년 75.8% → 2021년 55.6%)를 보이는 상황이다. 아무래도 코로나19 사태로 장기 불황이 이어지다 보니 지출을 줄이고 저축을 해야 한다는 심리가 강해졌기 때문으로 보인다. 최근에는 불필요한 낭비를 최소화하고 꼭 필요한 곳에만 지출하려는 '짠테크(짜다+재테크)' 열풍이 대세로 떠오르고 있다. 이전에 비해 짠테크를 하는 사람들을 '구두쇠'라고 하거나 '안쓰럽다'고 여기기보다는 오히려 대단하

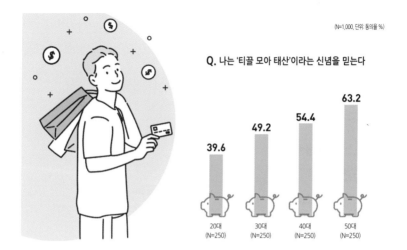

Q. 나는 '티끌 모아 태산'이라는 신념을 믿는다

63.2

54.4

49.2

39.6

20대
(N=250)

30대
(N=250)

40대
(N=250)

50대
(N=250)

고 현명한 소비자로 평가하는 경우가 많아진 점이 눈에 띄는 변화
다. 다만, 저연령층의 경우 무조건 아끼는 것이 능사는 아니란 인식
이 상대적으로 많은 특징을 보이고 있어, 앱테크, 중고 거래 등으로
아낄 땐 아끼지만 취향과 가치관에 맞는 소비에는 아낌없이 지출하
는 젊은 세대의 상반된 소비 패턴을 확인할 수 있다.

조각 투자 열풍 >>>

짠테크 열풍이 이어지며 소액으로도 투자할 수 있는 '조각 투자'가
인기를 끌고 있다. 조각 투자란 개인이 혼자 투자하기는 어려운 고
가의 자산을 지분 형태로 쪼개 여러 투자자가 공동으로 투자하는
것[68]을 의미하는데, 특히나 디지털 플랫폼에 익숙한 MZ세대들을

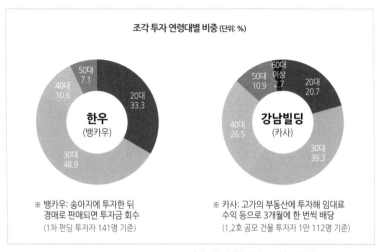

조각 투자 연령대별 비중 (단위: %)

한우
(뱅카우)

20대 33.3
30대 48.9
40대 10.6
50대 7.1

강남빌딩
(카사)

20대 20.7
30대 39.3
40대 26.5
50대 10.9
60대 이상 2.7

※ 뱅카우: 송아지에 투자한 뒤
경매로 판매되면 투자금 회수
(1차 펀딩 투자자 141명 기준)

※ 카사: 고가의 부동산에 투자해 임대료
수익 등으로 3개월에 한 번씩 배당
(1,2호 공모 건물 투자자 1만 112명 기준)

출처: 4만원으로 한우 키운다… MZ세대 '조각 투자'(2021. 09. 07.), 조선일보

중심으로 관심도가 높아지는 모습이다. 고가 미술품의 일부만 구매하는 아트테크, 음악 저작권에 투자해 수익을 배분 받는 뮤직테크, 한정판 명품을 1,000원 단위로 투자하는 등의 이색적인 투자 방식이 그 예다.[69] 이러한 조각투자 방식은 평소 관심 있는 분야나 취미 활동에서 수익을 낼 수 있는 기회를 줄 뿐 아니라, 이전에는 고액 자산이 없으면 투자가 어려웠던 분야에도 소액 투자가 가능하다는 장점이 있다(4만 원으로 한우를 키우고, 1만 원으로 강남 건물주가 되는 등).[70] 다만, 일부 투자의 경우 고수익이 보장되지 않을 수 있고, 안전성이 높다고 담보할 수도 없기 때문에 투자 비전문가나 초기 투자자의 보다 신중한 접근이 필요할 것으로 보인다.

엠브레인 패널 빅데이터®

INSIGHT IV

- 2021년 SNS 이용 시간에 따른 명품/골프 관련 App 이용 시간을 확인해 본 결과, SNS를 많이 이용하는 사람일수록 SNS를 잘 이용하지 않는 사람들보다 명품이나 골프 같은 플렉스(Flex) 취향 App 이용 시간이 월등히 높은 특징을 보이고 있었다.
- SNS Heavy User가 평소 고급취향이나, 나만의 취향 관련 컨텐츠를 업로드하는 경향이 높은 점과 연관시켜 볼 수 있는 결과다.
- 그런데, 아주 뚜렷한 차이는 아니지만 SNS 이용량이 높은 응답자일수록 독서 관련 App의 접속 빈도가 높다. 엇. 그렇다면 혹시 평소 책을 많이 읽는다고 자부하는 사람들은 독서를 '플렉스' 취향으로 삼고 있는 것은 아닐까? (그냥 추측이다. 빅데이터니까^^;;)

2021 SNS 이용 시간에 따른 명품/골프 관련 App 이용 시간

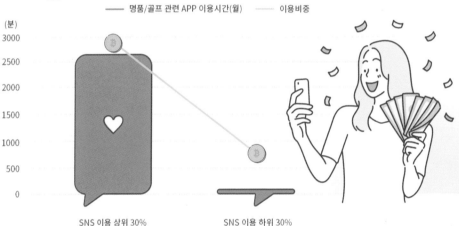

—— 명품/골프 관련 APP 이용시간(월) —— 이용비중

(분)

SNS 이용 상위 30%   SNS 이용 하위 30%

SNS 이용량에 따른 독서 관련 App 접속 빈도

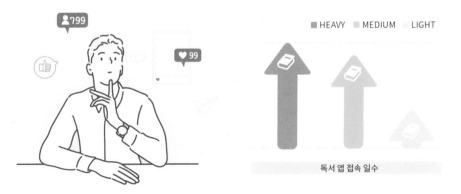

■ HEAVY ■ MEDIUM ■ LIGHT

독서 앱 접속 일수

서문

1. 《블랙 스완: 위험 가득한 세상에서 안전하게 살아남기》(개정판), 나심 니콜라스 탈레브 저(2020.04.), 동녘사이언스, p.98

2. 이 조사들은 매년 6~7월 사이에 1,000명씩 나누어서 10회를 모아 진행되었으며, 20~50대까지의 인터넷 이용자 남녀가 동일하게 할당되어 진행되었다.

3. 이 조사는 2021년 6~7월에 20~50대까지의 남녀 10,000명(마크로밀 엠브레인의 공식 패널 100만 명 중에서 실사를 진행)을 연령별 분석을 위해 동일하게 할당하여, 이메일을 통해 조사를 진행하였다.

4. "팬데믹 종식은 불가능…이젠 '위드 코로나' 준비해야" (2021.08.04), 의사신문

PART 1. SOCIAL

1. "월세 내느니 사자"…조급해진 30대, 서울 아파트 42% '영끌'(2021. 06. 30.), 서울경제

2. MZ세대 주식 열풍 계속…신한금투 "비대면 신규계좌 60%가 2030"(2021. 07. 29.), 동아일보

3. 올 1분기 '코린이' 10명 중 6명이 2030세대(2021. 04. 21.), 서울경제

4. 위와 같은 자료

5. 2030 코린이 뿔났다…"암호화폐 투기라면서 세금은 걷겠다고?"(2021. 04. 24.), 머니투데이

6. 금융위원장 발언 뒤 비트코인 급락…투자자 '부글부글'(2021. 04. 23.), JTBC 뉴스

7. "암호화폐 인정 못 한다"는 은성수…이광재 "정책이 틀렸다"(2021. 04. 23.), 중앙일보

8. 은성수 "코인시장 함부로 뛰어드는 청년들, 올바른 길 아냐"(2021. 04. 22.), 한국경제

9. 청와대 국민 청원 게시판(https://www1.president.go.kr/petitions/597851)

10. '은성수 사퇴' 청원에…靑 "가상자산 불법행위 전방위 대응"(2021. 06. 23.), 서울경제

11. 가상 화폐 관련 인식 조사(2021. 07.), 마크로밀 엠브레인 트렌드모니터

12. 위와 같은 조사

13. 위와 같은 조사

14. 위와 같은 조사

15. 위와 같은 조사

16. 위와 같은 조사

17. 위와 같은 조사

18. 위와 같은 조사

19. 월급의 의미와 가치 관련 인식 조사(2021. 06.), 마크로밀 엠브레인 트렌드모니터

20. 위와 같은 조사

21. 2021 중산층 이미지 관련 인식 조사(2021. 03.), 마크로밀 엠브레인 트렌드모니터

22. 위와 같은 조사

23. 가상 화폐 관련 인식 조사(2021. 07.), 마크로밀 엠브레인 트렌드모니터

24. 월급의 의미와 가치 관련 인식 조사(2021. 06.), 마크로밀 엠브레인 트렌드모니터

25. 위와 같은 조사

26. 2021 '짠테크' 관련 인식 조사(2021. 04.), 마크로밀 엠브레인 트렌드모니터

27. 위와 같은 조사

28. 위와 같은 조사

29. 위와 같은 조사

30. 위와 같은 조사

31. 위와 같은 조사

32. 가상 화폐 관련 인식 조사(2021. 07.), 마크로밀 엠브레인 트렌드모니터

33. 대박 좇아 수천명 우르르 '코인 빚투'…초보일수록 크게 흔들려(2021. 04. 25.), 한겨레

34. 위와 같은 자료

35. 《불평등 트라우마》, 리처드 윌킨슨·케이트 피킷 저(2019. 05. 03.), 생각이음, p.28에서 재인용

36. 자본시장硏 "지난해 신규 개인 투자자 3명 중 2명 손실"(2021. 04. 13.), 매일경제

37. [유레카] '벼락거지'는 어떻게 만들어지는가(2021. 07. 27.), 한겨레

38. 서당 학폭 피해자 "가해자 '쇼미' 나간다며 기사 내려달라 요구"(2021. 03. 31.), 중앙일보

39. 2021 중산층 이미지 관련 인식 조사(2021. 03.), 마크로밀 엠브레인 트렌드모니터

40. 위와 같은 조사

41. 2021 (탈)스펙 및 취업 관련 인식 조사(2021. 01.), 마크로밀 엠브레인 트렌드모니터

42. 《약자를 위한 현실주의: 어떻게 살아남을 것인가》, 이주희 저(2019. 04.), MID, p.9

43. 2021 중산층 이미지 관련 인식 조사(2021. 03.), 마크로밀 엠브레인 트렌드모니터

44. 위와 같은 조사

45. 2021 도덕성 및 '노블레스 오블리주' 관련 인식 조사(2021. 02.), 마크로밀 엠브레인 트렌드모니터

46. 2021 '법' 관련 인식 조사(2021. 06.), 마크로밀 엠브레인 트렌드모니터

47. 위와 같은 조사

48. 위와 같은 조사

49. 네이버 지식백과

50. SBS 드라마 〈모범택시〉 Ep. 4 에필로그

51. 《복수의 심리학》, 스티븐 파인먼 저(2018. 02.), 반니, p.7

52. 2021 '법' 관련 인식 조사(2021. 06.), 마크로밀 엠브레인 트렌드모니터

53. 청와대, 대한민국 정책 브리핑 홈페이지(자료 집계 기간: 2017. 08. 19.~2021. 07. 31.)

54. 《중력과 은총/철학강의/신을 기다리며》, 시몬 베유 저(2011. 08.), 동서문화사, p.16

55. http://news.bookdb.co.kr/bdb/Interview.do?_method=InterviewDetail&sc.mreviewNo=823

56. https://news.samsung.com, [전문가 칼럼] 성취 욕구의 원천, 분노

57. 《복수의 심리학》, 스티븐 파인먼 저(2018. 02.), 반니, p.233

58. 2021 일상적 감정과 문화 콘텐츠 소비 관련 인식 조사(2021. 06.), 마크로밀 엠브레인 트렌드모니터

59. 사회적 이슈에 따른 소비 패턴 및 ESG 경영 관련 인식 조사(2021. 05.), 마크로밀 엠브레인 트렌드모니터

60. Bigkinds(빅카인즈) 연관 검색어 가중치 결과 및 질적 방법론을 통해 도출한 키워드를 워드클라우드 생성기(http://wordcloud.kr/)를 통해 시각화함.

61. '돈쭐내기'를 아시나요? 경쟁 사회서도 善은 살아있습니다(2021. 08. 14.), 조선일보

62. 2021 외로움 및 코로나 블루 관련 조사(2021. 07.), 마크로밀 엠브레인 트렌드모니터

63. 위와 같은 조사

64. 프랑스 '엘리트의 산실' ENA, 역사 속으로(2021. 04. 09.), 한국일보

65. 한국인 60% "자식이 부모보다 못살 것"…역대 최대(2021. 08. 06.), 한국경제

66. "학벌·어학·자격증 없어도 OK"…금융사들, 문과인재도 다르게 뽑는다(2021. 08. 19.), 아시아경제

67. 블라인드 채용의 역설? 은행권 '고졸 신화' 사라진다(2021. 08. 03.), 파이낸셜뉴스

68. BBC, 조두순 주취감경 집중조명…"사법체계 논쟁 불러"(2021. 01. 06.), 연합뉴스

69. '촉법' 악용 흉악범죄 갈수록 급증…기준 나이 낮춰 촉법 찬스 없애야(2021. 08. 31.), 파이낸셜뉴스

70. 위와 같은 자료

71. 육아 예능 '금쪽같은 내새끼'가 2030 울린 '힐링물' 된 까닭(2021. 08. 30.), 경향신문

72. [위기의 국내 OTT] ① 치열해진 '오리지널' 제작 경쟁…'넷플릭스' 넘어설 수 있을까(2021. 02. 12.), 오피니언뉴스

73. 코로나 레드와 블루는 다르다, 처방도 다르다(2021. 01. 27.), 헬스조선

74. "우울증 환자 90%, 도움 구하지 않아…사회적 부담 심각"(2021. 03. 17.), 매일경제

75. "코로나 장기화로 '확찐자' 늘었다?"…평균 체중은 '그대로'(2021. 09. 02.), 세계일보

PART 2. CULTURE

1. '부모 세대'와 '자녀 세대' 간 인식 차이 조사(2017. 03.), 마크로밀 엠브레인 트렌드모니터

2. 중년에 시작한 쿠키런·모동숲…엄마에게 새로운 세상이 열렸다(2021. 04. 21.), 경향신문

3. 숏폼 콘텐츠(틱톡 등) 관련 조사(2021. 05.), 마크로밀 엠브레인 트렌드모니터

4. 깐깐한 엄마도 엄지족 합류…생선·과일까지 새벽배송(2020. 12. 27.), 파이낸셜뉴스

5. 온라인 쇼핑 '큰손' 떠오른 5060 '엄지족'(2021. 05. 31.), 이코노미스트

6. 2021 골프 경험 및 스크린 골프 관련 U&A 조사(2021. 06.), 마크로밀 엠브레인 트렌드모니터

7. 위와 같은 조사

8. 등산 경험 및 국내 등산 문화 관련 인식 조사(2021. 01.), 마크로밀 엠브레인 트렌드모니터

9. 위와 같은 조사

10. "산? 재밌잖아요!" MZ세대는 지금 등산 홀릭(2020.12.18), 네이버뉴스

11. 2021 코로나19로 인한 생활 패턴 변화 관련 조사(Vol.5)(2021.04), 마크로밀 엠브레인 트렌드모니터

12. 위와 같은 조사

13. 코비디보스(Covidivorce): 코로나(Covid)와 이혼(divorce)의 합성어

14. 집콕 탓에 전세계 이혼 늘었는데…한국은 되레 '코비디보스' 줄었네(2021. 02. 24.), 매일경제

15. 2021 가족의 의미 및 가족관 관련 인식 조사(2021. 06.), 마크로밀 엠브레인 트렌드모니터

16. 위와 같은 조사

17. 위와 같은 조사

18. 위와 같은 조사

19. 위와 같은 조사

20. 아날로그 감수성 관련 인식 조사(2021. 03.), 마크로밀 엠브레인 트렌드모니터

21. 《컬트가 되라》, 더글라스 홀트&캐머런 저(2012. 03.), 지식노마드, p.322

22. 《인간을 위한 미래》, 김도현 · 이재열 · 김홍중 · 김도년 · 김대식 저(2020. 09.), 클라우드나인, p.53

23. 피싱 메일 몰라?…한국 청소년 '디지털 문해력' OECD 바닥 '충격'(2021. 05. 16.), 한겨레

24. 유튜브 빠져 책 안읽어…방과후교실서 국어 배울 판(2021. 04. 27.), 조선일보

25. 문제를 잘 읽어보면, '왕복'이고, 표는 '편도' 요금이니, 편도 요금을 2배씩해서 사람 수(어른 2명 왕복(20만 원) + 청소년 2명 왕복(12만 원)) 더하면 되고, 여기서 어른 요금(20만 원)에 30% 할인이 적용되니 14만 원, 청소년은 할인이 적용 안 되니 12만 원, 따라서 답은 26만 원이 된다.

26. 국내 성인 200만 명, 기본적인 읽기 · 쓰기 · 셈하기 못 한다(2021. 09. 07.), 한국일보

27. 2021 스마트폰 이용 및 영상통화 관련 인식 조사(일부 Tracking)(2021. 02.), 마크로밀 엠브레인 트렌드모니터

28. 2021 포스트 코로나 시대 라이프 스타일 세대별 관련 인식 및 문해력(literacy) 관련 조사(2021. 07.), 마크로밀 엠브레인 트렌드모니터

29. 위와 같은 조사

30. 현대인의 과반수, "문해력 부족으로 업무상 어려움 느꼈다"(2021. 09. 14.), 전자신문

31. 2021 포스트 코로나 시대 라이프 스타일 세대별 관련 인식 및 문해력(literacy) 관련 조사(2021. 07.), 마크로밀 엠브레인 트렌드모니터

32. 2021 유튜브 이용 및 유튜버 마케팅 관련 인식 조사(2021. 03.), 마크로밀 엠브레인 트렌드모니터

33. 숏폼 콘텐츠(틱톡 등) 관련 조사(2021. 05.), 마크로밀 엠브레인 트렌드모니터

34. 위와 같은 조사

35. 2021 코로나 시대 독서 문화 관련 인식 조사(2021. 03.), 마크로밀 엠브레인 트렌드모니터

36. 위와 같은 조사

37. 코로나발 잃어버린 공교육 1년…시골·남학생일수록 학력저하 '심각'(2021. 06. 02), 매일경제

38. 도서 정가제 관련 인식 조사(2015. 02.), 2021 코로나 시대 독서 문화 관련 인식 조사(2021. 03.), 마크로밀 엠브레인 트렌드모니터

39. 2021 코로나 시대 독서 문화 관련 인식 조사(2021. 03.), 마크로밀 엠브레인 트렌드모니터

40. 《생각하지 않는 사람들》, 니콜라스 카 저(2011. 02.), 청림출판, p.101

41. 《다시, 책으로》, 매리언 울프 저(2019. 05.), 어크로스, p.81

42. [인터뷰] "영상매체에 길들여지면 수동적 사고에 익숙해져"(2019. 10. 17.), 서울경제

43. 필터 버블이라는 용어는 미국의 온라인 정치 시민 단체 '무브온'의 이사장인 엘리 프레이저가 자신의 저서 《생각 조종자들》에서 명명한 단어로, 《2021 트렌드 모니터》에서는 코로나 이후 이 필터 버블의 부작용이 증가할 것이라고 주장한 바 있다.

44. 2021 사회적 갈등 및 공동체 의식 관련 인식 조사(2021. 06.), 마크로밀 엠브레인 트렌드모니터

45. 이런 경향은 '모범생'에 대한 태도에서도 일부 나타나고 있었다(나는 공부를 잘하는 친구들의 공부 방법을 배워보고 싶다－57.6%(2020) → 63.0%(2021), 나는 내 주변에 성공한 사람들의 라이프 스타일을 본받고 싶다－58.3%(2020) → 63.5%(2021), 나는 부자들이 하는 생각이나 행동을 잘 보고 배워서 성공하고 싶다－49.6%(2020) → 59.0%(2021)), 2021 포스트 코로나 시대 라이프 스타일 관련 세대별 인식 및 문해력(literacy) 관련 조사(2021. 07.), 마크로밀 엠브레인 트렌드모니터

46. 《2020 트렌드 모니터》, 마크로밀 엠브레인 저(2019. 10.), p.107

47. '구독자 2,800만 명' 틱토커 '원정맨'으로 본 숏폼 경제(2021. 09. 03.), 테크월드

48. "틱톡 영상은 도박 원리와 같다"…강한 중독성의 비밀(2021. 08. 31.), IT조선

49. MZ '대세 취미' 된 골프…중고채 거래 1년새 2배로(2021. 07. 08.), 서울경제

50. 숨고 누적 견적 수 2천만 건…코로나19 이후 비대면 레슨, 홈리빙 서비스 수요 증가(2020. 12. 29.), 플래텀

51. '프라이빗 실내 연습장' 아시나요…나만의 공간에서 배드민턴부터 수영까지(2020. 08. 10.), 매일경제

52. 힙한 2030은 운동·환경 동시에 챙긴다…'줍깅' 인기(2020. 10. 31.), 한국일보

53. [트렌드 일기: MZ읽기] 산으로 가는 그들(2021. 08. 13.), 중도일보

54. 누가 '아재 취미'라고 했나…낚시, 유튜버에서 잘나가네(2021. 05. 31.), 디지털타임스

55. 비혼모 이어 정상가족 논란…'슈돌' 사유리가 던진 도발(2021. 03. 30.), 중앙일보

56. 20대 절반 "결혼 NO, 동거 OK"… 23%는 "비혼 출산 가능"(2021. 05. 31.), 동아일보

57. 2019년 가계 생산 위성계정, 통계청

58. 그림자 노동 굴레 벗고, 당당한 '노동자'로 첫발 딛는 가사노동자(2021. 06. 18.), 한겨레

59. '가사근로자법 공포안' 등 국무회의 통과…노동권 보장 기반(2021. 06. 08.), 뉴시스

60. 황혼 육아에 60대 허리 휜다…93% "임신·육아로 가정 위기"(2021. 06. 21.), 조선일보

61. "내 나이가 어때서~"…'K-할머니' 전성시대(2021. 05. 26.), KBS뉴스

PART 3. WORK

1. 〈코로나19의 상흔: 노동시장의 3가지 이슈〉(2021. 07. 21.), BOK이슈노트(제2021-18호), 한국은행

2. 청년은 구직 포기, 여성은 경력단절···韓 고용시장 5대 특징은(2021. 09. 09.), 조선일보

3. 기업, 작년 '직원 퇴사율' 평균 13.8%(2021. 02. 19.), 잡코리아

4. "MZ세대, 1년내 조기퇴사자 비율 높아"(2021. 06. 02.), 경향비즈

5. 기업, 작년 '직원 퇴사율' 평균 13.8%(2021. 02. 19.), 잡코리아

6. 직장 내 복지 제도 및 문화 관련 인식 조사(2021. 05.), 마크로밀 엠브레인 트렌드모니터

7. 위와 같은 조사

8. 위와 같은 조사

9. 위와 같은 조사

10. 위와 같은 조사

11. 위와 같은 조사

12. 위와 같은 조사

13. 이 제도(체육대회, 단합대회)의 경우에도 최근 주중에 이런 행사를 치르는 회사도 많아졌으나, 그럼에도 불구하고 '회사의 행사'라는 측면에서 조직원 개개인의 의견이 충분히 반영된다기보다는 회사의 관점에서 기획되는 경향이 강하다. 직장 내 복지 제도 및 문화 관련 인식 조사(2021. 05.), 마크로밀 엠브레인 트렌드모니터

14. 직장 생활 통제감 관련 조사(2021. 07.), 마크로밀 엠브레인 트렌드모니터

15. 위와 같은 조사

16. 위와 같은 조사

17. 2021 직장인 재택근무 경험 및 향후 지속 가능성 평가(2021. 05.), 마크로밀 엠브레인 트렌드모니터

18. 좋은 직장 및 직장인 익명 게시판 관련 인식 조사(2021. 07.), 마크로밀 엠브레인 트렌드모니터

19. 위와 같은 조사

20. 직장 생활 통제감 관련 조사(2021. 07.), 마크로밀 엠브레인 트렌드모니터

21. 현 직장 생활 평가 및 'F.I.R.E.족' 관련 인식 조사(2021. 02.), 마크로밀 엠브레인 트렌드모니터

22. 직장 내 괴롭힘 관련 인식 조사(2020. 11.), 마크로밀 엠브레인 트렌드모니터

23. 위와 같은 조사

24. 위와 같은 조사

25. 위와 같은 조사

26. 위와 같은 조사

27. 직장 생활 통제감 관련 조사(2021. 07.), 마크로밀 엠브레인 트렌드모니터

28. 직장 내 괴롭힘 관련 인식 조사(2020. 11.), 마크로밀 엠브레인 트렌드모니터

29. 직장 생활 통제감 관련 조사(2021. 07.), 마크로밀 엠브레인 트렌드모니터

30. SK하이닉스 '성과급 논란' 대기업 확산···CEO들 직접 달래기 나서(2021. 03. 06.), 동아일보

31. SK하이닉스에서 시작된 '성과급 논쟁'(2021. 02. 09.), 한국경제

32. SK하이닉스서 시작된 '성과급 논란' GS리테일로 확산?···"사장님 성과급 해명해주시죠"(2021. 03. 22.) IT비즈뉴스

33. 2021 직업 소명 의식 및 포스트 코로나 시대 일의 의미 관련 조사(2021. 07.), 마크로밀 엠브레인 트렌드모니터

34. 2021 직장인 자기 계발 및 이러닝(e-learning) 학습 경험 조사(2021. 03.), 마크로밀 엠브레인 트렌드모니터

35. 위와 같은 조사

36. 대한항공 조현아 보직 사퇴 논란···'땅콩 리턴' 논란 어디서 시작됐나(2014. 12. 10.), 서울경제

37. "갑질 더이상 못참아"···익명 SNS가 고발 창구(2018. 07. 05.), 연합뉴스TV

38. 네이버·카카오, 블라인드發 내부문화 폭로에 진땀(2021. 05. 31.), EBN

39. [이슈크래커] "그 놈의 '익명' 때문에"···블라인드에 속타는 기업들(2021. 03. 10.), 이투데이

40. 좋은 직장 및 직장인 익명 게시판 관련 인식 조사(2021. 07.), 마크로밀 엠브레인 트렌드모니터

41. 위와 같은 조사

42. "동료와 친구 될 수 있나요" 직장 내 '거짓 우정' 쌓는 20·30 [허미담의 청춘보고서](2020. 12. 26.), 아시아경제

43. 직장인 재택근무 경험 및 향후 지속 가능성 평가(2021. 05.), 마크로밀 엠브레인 트렌드모니터

44. "내 직장이란 생각 안든다"···재택하느라 입사 1년 지나도 서먹(2021. 08. 29.), 한국경제

45. 좋은 직장 및 직장인 익명 게시판 관련 인식 조사(2021. 07.), 마크로밀 엠브레인 트렌드모니터

46. [포춘US] 2020년 일하기 좋은 100대 기업(2020. 04.), 포춘코리아

47. 상반기 결산 '일하기 좋은 회사' 종합 부문(2021. 07.), 잡플래닛

48. 좋은 직장 및 직장인 익명 게시판 관련 인식 조사(2021. 07.), 마크로밀 엠브레인 트렌드모니터

49. 위와 같은 조사

50. 직장 내 복지 제도 및 문화 관련 인식 조사(2021. 05.), 마크로밀 엠브레인 트렌드모니터

51. 위와 같은 조사

52. 위와 같은 조사

53. 위와 같은 조사

54. 좋은 직장 및 직장인 익명 게시판 관련 인식 조사(2021. 07), 마크로밀 엠브레인 트렌드모니터

55. 위와 같은 조사

56. 월급의 의미와 가치 관련 조사(2021. 06.), 마크로밀 엠브레인 트렌드모니터

57. 전 세계 CEO의 새 고민, 재택근무 관리(2021. 02. 10.), 매일경제

58. 직장 내 복지 제도 및 문화 관련 인식 조사(2021. 05.), 마크로밀 엠브레인 트렌드모니터

59. 주 4일제 도입 관련 인식 조사(2021. 06.), 마크로밀 엠브레인 트렌드모니터

60. 2021 직업 소명 의식 및 포스트 코로나 시대 일의 의미 관련 조사(2021. 07.), 마크로밀 엠브레인 트렌드모니터

61. 네이버 지식백과

62. '위드 코로나' 맞춤 CJ의 '원격 근무' 실험(2021. 09. 02.), 아시아경제

63. "여행지에서 일하고 싶어요"···에어비앤비, 내년 여행 트렌드 전망(2020. 11. 04.), 그린포스트코리아

64. "난 오늘 재텔근무" 워커힐 호텔앤리조트 '워캉스 패키지'(2021. 05. 03.), 뉴시스

65. "재택 근무하면 출퇴근 시간만큼 월급 깎겠다"···구글 미국부터 새 임금체계 적용(2021. 08. 12.), 매일경제

66. 2021 직장인 재택근무 경험 및 향후 지속 가능성 평가(2021. 05.) 마크로밀 엠브레인 트렌드모니터

67. 주식하러 아침마다 화장실 가는 직원 달래는(?) 법(2021. 02. 06.), 매일경제

68. 월급 8년 꼬박 모아야 수도권에 내집마련 가능(2021. 08. 13.), 뉴데일리

69. 30대 직장인 2명 중 1명 "지난해부터 주식, 가상자산 투자"(2021. 08. 17.), SBS

70. [Now] 김대리 주식 잘 안돼? 투자 상담 좀 받아봐, 회사가 공짜로 해준대(2021. 09. 06.), 조선일보

71. 클래스101, 기업전용 '클래스101 비즈니스' 런칭(2020. 09. 09.), 매일경제

72. 2004년 주 5일제, 경제도 살렸다(2021. 04. 25.), 한겨레

73. 건강, 생산성 다 잡은 아이슬란드의 '주4일 근무' 실험(2021. 07. 07.), 조선비즈

74. 주 4일제 도입 관련 인식 조사(2021. 06.), 마크로밀 엠브레인 트렌드모니터

75. MZ세대는 소리 소문 없이 옮긴다···구인앱 타고 '스텔스 이직'(2021. 09. 09.), 조선일보

76. [ESC] 판교 사람들이 '사이드 잡' 하는 이유(2021. 02. 25.), 한겨레

77. 대기업 3040도 투잡 바람···돈 쓰던 취미를 돈 버는 부업으로(2021. 09. 06.), 조선일보

PART 3. LIFE

1. 2017 YOLO Life(욜로 라이프) 관련 인식 조사(2017. 07.), 마크로밀 엠브레인 트렌드모니터

2. 《트렌드 코리아 2021》, 김난도 외 저(2020. 10.), 미래의 창, p.35

3. 네이버 국어(어학)사전

4. 2018 취미 생활 및 원데이 클래스, 문화센터 이용 관련 조사(2018. 08.), 마크로밀 엠브레인 트렌드모니터

5. 위와 같은 조사

6. 위와 같은 조사

7. 위와 같은 조사

8. 《아비투스》, 도리스 메르틴 저(2020. 08.), 다산북스, p.20

9. [오프더레코드] 우리의 취향은 어떻게 형성될까?

10. 〈문화 선호와 참여의 다양성에 관한 연구〉, 한국사회학, 제48집 제5호(2014년), pp.25~57

11. 'MZ세대'가 독서를 대하는 방법(2020. 10. 12.), 전자신문

12. 아줌마 아저씨를 레이디앤젠틀맨으로 만드는 재즈음악의 비밀은?(2021. 09. 02.), 네이버 블로그

13. "먹고살기 바쁜데 무슨 공연 관람"…문화 경험도 '빈익빈 부익부'(2021. 07. 18.), 세계일보

14. "인스타엔 온통 화려한 삶"…'행복한 타인'에 쌓이는 박탈감(2021. 07. 07.), 문화일보

15. 2021 '나', '타인'에 대한 관심 및 평판 관련 인식 조사(2021. 04.) 마크로밀 엠브레인 트렌드모니터

16. 2021 나만의 취향 및 취향 인정 욕구 관련 조사(2021. 06.) 마크로밀 엠브레인 트렌드모니터

17. 《취향의 탄생》, 톰 밴더빌트 저(2016. 12.), 토네이도, p.126

18. 자아 정체성 및 MBTI 관련 인식 조사(2021. 03.) 마크로밀 엠브레인 트렌드모니터

19. 1세대 SNS의 마법−2030세대가 반했다…다시 부는 블로그 열풍(2021. 05. 31.), 매경이코노미

20. 《인간 본성의 법칙》, 로버트 그린 저(2020. 07.), 위즈덤하우스, p.459

21. "1년을 기다렸다"…신간 '달러구트 꿈 백화점 2' 예약 판매 3일만에 베스트셀러 1위(2021. 07. 22.), 머니S

22. 한국에서는 왜 SF문학이 인기가 없었을까(2018. 1. 14.), 한겨레

23. 올해 한국소설 판매량 역대 최다…여성독자들이 이끌고, SF·청소년 장르 다양해졌다(2020. 09. 22.), 경향신문, "코로나 덕분?" 한국소설 판매 급증...판매량 역대 최다(2020. 10. 02.), YTN

24. 코로나19와 라이프 스타일의 변화 관련 조사(1차)(2020. 04.), 마크로밀 엠브레인 트렌드모니터

25. 외로움 및 코로나 블루 관련 조사(2021. 07.), 마크로밀 엠브레인 트렌드모니터

26. 온라인 모임 관련 인식 조사(2021. 04.), 마크로밀 엠브레인 트렌드모니터

27. 코로나19와 라이프 스타일의 변화 관련 조사(3차)(2020. 08.), 마크로밀 엠브레인 트렌드모니터

28. 자아 정체성 및 MBTI 관련 인식 조사(2021. 03.), 마크로밀 엠브레인 트렌드모니터

29. 위와 같은 조사

30. 심리 테스트, 젊은층 놀이터인가 불안한 심리 반영인가(2021. 03. 06.), 중앙선데이

31. 자아 정체성 및 MBTI 관련 인식 조사(2021. 03.), 마크로밀 엠브레인 트렌드모니터

32. 《정체성의 심리학》, 박선웅 저(2020. 07.), 21세기북스, p.226

33. '조선구마사' 폐지 사태…"대중독재" vs. "더 소통했어야"(2021. 08. 18.), 미디어오늘

34. 역사 왜곡 논란에…'조선구마사' 관련주 큰 폭 내림세(2021. 03. 28.), 한겨레

35. 위와 같은 자료

36. 직장 생활 통제감 관련 인식 조사(2021. 07.), 마크로밀 엠브레인 트렌드모니터

37. 위와 같은 조사

38. 위와 같은 조사

39. 2021 청와대 국민 청원 게시판 관련 인식 조사(2021. 07.), 마크로밀 엠브레인 트렌드모니터

40. 위와 같은 조사

41. 위와 같은 조사

42. 위와 같은 조사

43. 직장 생활 통제감 관련 인식 조사(2021. 07.), 마크로밀 엠브레인 트렌드모니터

44. 글로벌기업들, 메타버스 경쟁 뜨겁게 달아오른다(2021. 09. 11.), **ZDNet Korea**

45. [대학 INSIGHT] 메타버스, '새로운 기준이 되다'(2021. 09. 01.), 대학저널

46. 우리銀 메타버스서 신입행원 임명(2021. 09. 10.), 매일경제

47. '메타버스'에 반한 육군...훈련체계 40년만에 싹 바꾼다(2021. 09. 11.), 서울경제

48. 메타버스(metaverse)의 현황과 향후 과제, 정준화 입법조사관(2021. 07. 28.), 이슈와 논점 제1858호(국회입법조사처)

49. 위와 같은 자료

50. 네이버 제페토, 메타버스로 '2억명' 사로잡다(2021. 09. 09.), **ZDNet Korea**

51. 메타버스(metaverse)의 현황과 향후 과제, 정준화 입법조사관(2021. 07. 28.), 이슈와 논점 제1858호(국회입법조사처)

52. 《부유한 노예》, 로버트 라이시 저(2001. 10.), 김영사, p.251

53. 위와 같은 자료

54. 2018 스마트폰 이용 및 음성 통화 관련 인식 조사(일부 Tracking)(2018. 05.), 마크로밀 엠브레인 트렌드모니터

55. 2021 스마트폰 이용 및 영상 통화 관련 인식 조사(2021. 02.)

56. 위와 같은 조사

57. 위와 같은 조사

58. 한경 경제용어사전

59. 활용에만 초점 맞춘 국내 마이데이터, 주권 강화 위한 제도개선 필요하다(2021. 09. 03.), 아이티데일리

60. 당근마켓 '매너온도' 아시나요...이용자 열광 이유있다(2021. 06. 18.), EBN

61. 당근마켓의 성공, 평판의 힘(2021. 08. 03.), 한국일보

62. [이슈 속으로] "신발값만 있으면 돈 벌어요"...'스니커테크' 시대(2021. 04. 10.), 세계일보

63. "이건 꼭 사야해"...지드래곤 스니커즈 또 나온다, 리셀러들 난리났다(2021. 09. 09.), 매일경제

64. 소비자원 "보상형 크라우드 펀딩, 소비자 피해 주의해야"(2021. 07. 02.) YTN

65. "보상형 크라우드 펀딩, 투자 취소·환급 불가능 많아"(2021. 07. 02.), 매일경제

66. 와디즈, 판매자 데이터로 크라우드펀딩 제품 신뢰도 높인다(2021. 05. 18.), 한국경제

67. 오프라인으로 나온 '온라인 쇼핑몰'...MZ세대의 새로운 놀이터 등극(2021. 08. 19.), 스포츠조선

68. 4만원으로 한우 키운다...MZ세대 '조각 투자'(2021. 09. 07.), 조선일보

69. 소액으로 하는 '조각투자' 플랫폼 A to Z(2021. 06. 29.), 매일경제

70. "만원으로 건물주 된다"...조각투자에 몰리는 MZ세대(2021. 08. 28.), TV조선

대중을 읽고 기획하는 힘
2022 트렌드 모니터

초판 1쇄 발행 | 2021년 10월 25일
초판 6쇄 발행 | 2022년 1월 25일

지은이　　　| 최인수·윤덕환·채선애·송으뜸·이진아
펴낸이　　　| 전준석
펴낸곳　　　| 시크릿하우스
주소　　　　| 서울특별시 마포구 독막로3길 51, 402호
대표전화　　| 02-6339-0117
팩스　　　　| 02-304-9122
이메일　　　| secret@jstone.biz
블로그　　　| blog.naver.com/jstone2018
페이스북　　| @secrethouse2018
인스타그램　| @secrethouse_book
출판등록　　| 2018년 10월 1일 제2019-000001호

ⓒ 최인수·윤덕환·채선애·송으뜸·이진아, 2021

ISBN 979-11-90259-92-7 03320